Harald Havas

KURIOSES
WIEN

Harald Havas

KURIOSES WIEN

Metroverlag

Inhalt

Vorwort	7
Begraben in der Burgmauer	9
Chuppa und Chuzpe am Hohen Markt	12
Comic-Hauptstadt Wien	14
Das Gelbe vom Kaiser	19
Der Friedhofsexpress	21
Der Kanal, der war	25
Der Wiener Atomreaktor	29
Eisiges	31
Von der Falcogasse und anderen	34
Donau-oder-doch-nicht-Oder-Kanal	41
Gedenktafel-Schildbürger	45
Genial urinal	48
Historisches Vier-Stein-Eck	51
Hoch hinaus	55
Industrieller Abkürzer	60
Schönbrunner Feng-Shui	62
Die Neidhart-Fresken	67
Orientalisch begraben	71
Paulis Effekte	77
„Into the nothing"	81
Rodeln im Prater	85
Runde Republik	88
Der schöne Brunnen und die falschen Römer	91
Schwarze Lipizzaner	96
Unterirdisch unterwegs	99
Steine zum Staunen	105
Wanted: Habsburger – dead or alive!	110

Vier Wienerinnen	118
Von Märschen und Marschierern	127
Wanderbares, grünes Wien	132
Was in Wien wie heißt	135
Wiens Bergbahnen	140
Wo Radetzky ruht	144
Ziegen am Müllberg	152
Woher die Wiener kommen	155

Vorwort

Jede Stadt, jedes Land und vor allem jede Großstadt ist eine schier unendliche Ansammlung an Geschichten, Gschichterln und Geschichte. An Anekdoten, Amüsantem und Außergewöhnlichem. An Unglaublichem, Unerwartetem und Unnötig-zu-Wissendem. Meine Recherchen für Bücher und Wissensspiele der letzten Jahre haben da von Bayern bis Berlin, von Österreich bis zur Schweiz vieles in jeder der erwähnten Kategorien zutage gefördert.

Und doch.

Und doch ist das bei Wien ein bisschen anders. Vielleicht kommt es mir auch nur so vor, schlicht weil ich ein Wiener und hier aufgewachsen bin. Ich glaube aber nicht. Denn schließlich bin ich ja weder der einzige noch der erste, dem aufgefallen ist, dass Wien und die Wiener einiges an ganz besonderen Besonderheiten zu bieten haben. Etwas ganz Besonderes, das eben anders ist als das ganz Besondere an Paris und den Parisern, London und den Londonern, Rom und den Römern. Eine Art Mischung aus aufmüpfiger Unterwürfigkeit, auf eherne Regeln pochendes Laissez-faire, engagiert-euphorischem Durchwursteln und freundlich-bösartiger Melancholie. Viele Aspekte dieser Mischung zeigen sich an Personen, aber auch an Orten und Geschehnissen, und viele davon hab ich auch schon in früheren Büchern kurz – eben sammelsuriumartig – angerissen. In diesem Buch ist das aber anders. Es ist eine Sammlung von Geschichten, Gschichterln und Geschichte, die den angedachten aber dann doch nicht gewählten Titel tragen könnte: Unglaublich aber Wien.

Nicht alles in diesem Buch ist eng mit der oben beschriebenen Mischung an der speziellen Wiener Befindlichkeit verknüpft, vieles aber schon und manches um die Ecke. Allerdings oft gerade dann, wenn es um scheinbar eher nüchterne Beschreibungen einfach nur wenig bekannter Örtlichkeiten geht.

In gewisser Weise ist dieses Buch auch eine Fortführung meiner bereits erschienenen „Sammelsurien". Wer sie kennt, wird viele Themen auch in diesem Buch wiederfinden. Aber immer ergänzt, variiert und erweitert, um ganz neues Altes und um ganz altes Neues aus und um Wien. Das wie die anderen Teile und Themen vielleicht auch anderswo hätte passieren können, aber doch am besten hierher passt und auf typische Weise typisch ist für diese uralte Stadt zwischen Alpen und Donau, zwischen kaiserlicher Vergangenheit und kaiserlicher Nostalgie, zwischen multikultureller Vergangenheit und multikultureller Zukunft.

Hierher, nach Wien.

Harald Havas

Begraben in der Burgmauer

Falls Sie schon immer das Bedürfnis verspürt haben, innerhalb einer Burgmauer oder sogar in einer Nische darin begraben zu werden, aber leider keine Burg besitzen oder keinen Burgbesitzer kennen, der Ihnen das gestatten würde – nun, in Wien können Sie das ohne Probleme mit sich machen lassen.

Alles was Sie zu tun haben, ist sich einäschern zu lassen und eine reguläre Ruhestätte im städtischen Urnenhain gleich gegenüber dem Zentralfriedhof (3. Tor) zu reservieren. Denn was kaum jemand weiß oder kaum jemandem auffällt: Die Feuerhalle liegt innerhalb der Burgmauer des bis vor wenigen Jahren komplett vergessenen aber mittlerweile schon etwas bekannteren Schlosses Neugebäude.

Dieses Schloss wurde Mitte des 16. Jahrhunderts im heutigen Simmering errichtet und stand damals buchstäblich noch mitten im Wald. Ihr Bauherr Kaiser Maximilian II. wünschte sich, wohl hauptsächlich zu Jagdzwecken, ein Lustschloss, das schließlich „Neugebäude" genannt wurde und, was man der Ruine heute nicht mehr ansieht, eines der größten Renaissancebauten nördlich der Alpen war.

Der Rest der Geschichte ist die eines langsamen Verfalls und Bedeutungsverlustes gleich nach der Fertigstellung etwa im Jahr 1580: Kaiser Rudolph kümmerte sich nicht um das Schloss, 1683 wurde es von den Türken eingenommen und für eigene Zwecke benutzt und 1704 zerstörten die Kuruzzen große Teile des Baus ...

Endgültig demoliert wurde es aber nicht vom Feind, sondern von Kaiserin Maria Theresia. Zwar übergab sie den Bau an das Militär, kannibalisierte zuvor aber alles, das noch nach etwas aussah und verwendetet die Teile für das mittlerweile viel wichtigere Schloss Schönbrunn. Insbesondere Marmor und andere behauene Steine für alle Stiegen, die Gloriette sowie die falsche römische Ruine im Park.

Übrig blieb ein mittelalterlicher Burg-Torso, der in den letzten Jahren – teilrenoviert – für Sommer-Kino-Vorführungen und Gala-Events aller Art genutzt wird. Sie liegt etwas erhöht über der Kaiser-Ebersdorfer Straße, von wo aus man einen recht guten Blick auf das Schloss hat. Dazu genügt es, mit dem 73 A (etwa ab der U3-Station „Simmering") daran vorbeizufahren.

Was einem nun jeder Stadtplan, jedes Navi und ein etwas ausgeprägterer Orientierungssinn verraten, ist die Tatsache, dass, wenn man der Achse Kaiser-Ebersdorfer Straße–Schloss weiter folgt, dahinter nach einer Weile die Simmeringer Hauptsstraße und der Zentralfriedhof auftauchen müssten. Das ist auch so. Und dazwischen liegen eben der Schlosspark sowie die ihn umfassende Burgmauer. Und dieser Park ist nun einmal ident mit dem Urnenhain der Stadt Wien.

Eigentlich ist diese Tatsache wenig versteckt: Wenn man das Areal des Krematoriums durch den Pförtnereingang, der sich auf der Simmeringer Hauptsstraße befindet, betritt, sieht man sofort einen alten Befestigungsturm, an dem auch noch eine Hinweistafel angebracht ist, sowie nach links und nach rechts wegstrebende Mauern, die eigentlich unschwer als ehemalige Burgmauern bzw. Befestigungsanlagen zu erkennen sind.

Die Urnengräber befinden sich allesamt innerhalb der Burgmauer, an deren Außenseite oder zum Teil auch in den Nischen der Burgmauer. Plätze für eine ewige, leicht ritterlich angehauchte Beerdigung sind dort jederzeit zu erwerben, auch in den Mauergräbern – je nach aktueller Verfügbarkeit der Gräber und Größe der Geldbörse.

Die Mauer selbst sollte jedenfalls Bestand haben: Denn für die Errichtung des Schlosses wurde einst der damals härteste verfügbare Kalkstein verwendet. Der hieß ... Kaiserstein und stammte aus einem Steinbruch in der Nähe von Bruck an der Leitha, weshalb dieser Ort auch bis heute den Namen Kaisersteinbruch trägt.

Der Ostsaal des Schlosses Neugebäude.

Chuppa und Chuzpe am Hohen Markt

An sich waren die Nazis in Wien recht gründlich. Nicht nur wurde die jüdische Bevölkerung vertrieben oder deportiert, auch eine Vielzahl an kulturellen Zeugnissen, die jüdische Künstler und Denker in Wien hinterlassen hatten, wurden rigoros entfernt. Bücher und Lieder wurden verboten, wenn sie von jüdischen Autoren stammten – wie nicht zuletzt viele der klassischen Wiener Heurigenlieder! Ein prominentes Opfer unter vielen: das „Fiakerlied" des jüdischen Kaufmannssohns Gustav Pick. Bei anderen Gelegenheiten waren die Nazis nicht so konsequent und strichen etwa die Namen der meist jüdischen Librettisten einfach von den Programmzetteln der Operetten, sodass sogar Hitler während seiner Besuche in Wien Operettenvorführungen mit nichtarischen Texten lauschen konnte.

Bei all diesen Repressionen freut es einen umso mehr, dass die Nazis, damals vermutlich aus blanker Unwissenheit, in der Wienerstadt etwas übersehen haben.

Die Rede ist vom sogenannten Vermählungsbrunnen, der auf dem Hohen Markt im ersten Bezirk steht.

Dieses Monument, auch Josefsbrunnen genannt, wurde um 1706 von Johann Bernhard Fischer von Erlach zuerst aus Holz errichtet. Damals war es allerdings noch kein Brunnen, sondern eine Säule. Der Grund für die Erbauung war ein Gelöbnis des Kaisers Leopold I., das er 1702 in der Sorge um die Rückkehr seines Sohnes Joseph aus einer Schlacht ablegte. Joseph kam zurück, der Kaiser starb zwar 1705, seine Söhne aber lösten das Gelübde ein. Das wenig dauerhafte Denkmal wurde daher zwischen 1729 und 1732 neu errichtet. Diesmal allerdings aus Marmor (für die Innenseite wurde Kaiserstein verwendet) und Metall. – Und um einen Brunnen erweitert.

Dargestellt wird die Hochzeit von Maria und Josef mit allerlei allegorischem Beiwerk. Das Besondere daran enthüllt sich allerdings nur dem wissenden und mitdenkenden Betrachter. Maria und Josef waren nämlich Juden. Geheiratet haben sie daher logischerweise nicht in der Kirche, sondern in einem Tempel, und der vor ihnen stehende „Priester", der sie verehelicht, ist demnach kein Pfarrer, sondern ein Hohepriester bzw. Rabbi. Und der sie auf vier Säulen überragende Baldachin ist keineswegs nur ein Symbol für den Himmel oder das Himmelsgewölbe, sondern eine echte jüdische Chuppa. Das ist ein traditionelles, in vier Richtungen offenstehendes Hochzeitszelt, auch Traubaldachin genannt, das bis heute bei jüdischen Trauungen Verwendung findet – und an das Haus des jüdischen Stammvaters Abraham erinnern soll, das auf allen vier Seiten Türen hatte, um Gäste, die aus allen Richtungen kamen, herzlich zu empfangen.

Sicher, ein schwacher Trost angesichts der Gräuel des Zweiten Weltkriegs, aber irgendwie erfreut es doch das bockerer'sche, das schwejk'sche Herz, dass in dieser Zeit der Verfolgung mitten in Wien all die Jahre ein steinerner Rabbi ein steinernes jüdisches Ehepaar in einem gefrorenen Moment nach jüdischem Ritus traute. Und es bis heute tut.

Comic-Hauptstadt Wien

Menschen, die nur gelegentlich Comics lesen, seien es Asterix oder Micky Maus, und die sich nicht viel mit den Hintergründen dieses Mediums beschäftigt haben (also fast alle Österreicher und Deutsche), mag erstaunen, dass es die Welt der bunten Bilder schon sehr lange vor Walt Disney gab. Dieser war darüber hinaus außerdem überhaupt kein Comiczeichner, sondern Filmemacher, Unternehmer und Unterhaltungsparkbegründer. Walt Disney hat selbst nie auch nur einen einzigen Comicstrip gezeichnet. Auch wenn jeder „Disney"-Comic weltweit bis heute seinen Namen und seine stilisierte Unterschrift trägt. Tatsächlich erschien der erste Comic mit Micky Maus 1928, zeitgleich mit dem ebenfalls bis heute sehr bekannten belgischen Comichelden Tintin (bei uns eher als Tim und Struppi bekannt), zu einer Zeit, als das Medium der Comics bereits in vollster Blüte stand. Je nach Sichtweise wurde der Comic spätestens 1885 erfunden und war spätestens 1900 in den USA formal nicht mehr sehr weit von der heutigen Form entfernt. Schon in den 1910er-Jahren entstanden etwa mit „Krazy Kat" von George Herriman oder „Little Nemo" von Winsor McCay Comic-Meisterwerke, die bis heute teilweise unerreichte Maßstäbe setzten.

Aber eben auch in Europa, vor allem in England, waren Comics zu dieser Zeit schon ein weit verbreitetes und akzeptiertes Medium der Unterhaltung. Nota bene mehrheitlich nicht für Kinder, sondern in Tageszeitungen – als gerne gelesener Teil der Erwachsenenlektüre.

Und auch sonst waren Comics schon in vielen Teilen Europas weit verbreitet. Aber nicht in Deutschland.

Denn Deutschland stellt zwar mit Wilhelm Busch einen der unmittelbaren Vorläufer des Mediums, dem auf echte Comics eigentlich nicht viel mehr als der im Bild integrierte Text in Form von Sprechblasen fehlte, blieb aber bis in die Nachkriegszeit eher auf dem Trip der textlosen oder untertexteten Bildgeschichte. Teilweise aus Tradition, später teilweise aus Ablehnung des fremden und „undeutschen" Einflusses durch die nationalsozialistischen Machthaber. Erst sehr lange nach dem Zweiten Weltkrieg setzte sich in Deutschland, lange heiß umkämpft, langsam das Medium der Sprechblasen durch. Deswegen nahmen Comic-Historiker auch lange an, dass es vor dem Krieg keine nennenswerten oder eigenen Comics im deutschsprachigen Raum gegeben hätte. Zwar wusste man um die berühmte Schweizer Kinderfigur des blauen Papageis Globi, aber der erlebte und erlebt auch heute noch seine Abenteuer ebenfalls in sprechblasenlosen Bildgeschichten.

Und weil die diesbezügliche Forschung in Österreich – bis heute – in den Kinderschuhen steckte, wurde lange übersehen, dass die Kultur der Sprechblase in Österreich bereits in den 1930er-Jahren heftig blühte. Und, wie man erst seit ganz kurzem weiß, sogar schon davor – und auch fast die ganze Kriegszeit hindurch.

In Insiderkreisen und unter, vor allem sozialdemokratisch aufgewachsenen, älteren Mitbürgern war immerhin ein Name einigermaßen bekannt: der der Comicstrip-Figur „Tobias Seicherl". Daher war es zuerst auch dieser Strip, der Ende der 1980er-Jahre langsam ins Bewusstsein der internationalen Comic-Forschung fand. Und der hat es gleich in vielfacher Hinsicht in sich:

* Er erschien schon ab 1930 (etwa zwei Jahre nach Micky Maus),
* und das täglich (in der sozialdemokratischen Zeitung „Das Kleine Blatt"),
* er war, vor allem in der Frühzeit, stark politisch und da vor allem antifaschistisch, und
* er war komplett im Dialekt, also auf Wienerisch, verfasst.

Damit war „Tobias Seicherl" mit großer Wahrscheinlichkeit nicht nur der erste kontinentaleuropäische Tagesstrip, sondern sicher einer der ersten, wenn nicht *der* erste politische Comicstrip der Welt. Noch dazu kann man die 1933 erschienenen drei Sammelbände der Serie zu den ersten Comicheften der Welt, die ersten in den USA entstanden zeitgleich, zählen.

„Der Seicherl" und sein Hund Struppi wurden zu Kultfiguren ihrer Zeit und auch zu beliebten Werbeträger. Der Schöpfer von „Tobias Seicherl", Ladislaus Kmoch, zeichnete den Strip übrigens (dann natürlich unpolitisch) bis in die Kriegsjahre hinein. Also, auch unter den Nazis, was ebenfalls die alte These, Sprechblasen wären in der NS-Zeit verboten gewesen, zumindest für die „Ostmark" außer Kraft setzt. Auch in der Nachkriegszeit erschien „Tobias Seicherl" noch einmal mehrere Jahre in wöchentlicher Folge für Wiener Bezirksblätter. Insgesamt mehrere tausend (!) Strips – und somit eines der größten österreichischen Comic-Œuvres überhaupt.

Doch damit nicht genug. Jüngste Forschungstätigkeiten auf dem Gebiet haben auch schon für die 20er-Jahre eine ganze Reihe anderer Sprechblasen-Comics und -Serien in Wiener Blättern entdeckt. Vor allem das linke Satire-Magazin „Der Götz von Berlichingen" (erschienen ab 1919) setzte neben politischen Cartoons (in denen bereits sehr früh fast sämtliche später wahr werdende Gräueltaten der Nazis prophezeit wurden) auch stets auf Comics. So wurde die ganzseitige Comicserie „Familie Riebeisl", eine Art gezeichnete Sitcom zu aktuellen Themen, von 1923 bis zur Zwangseinstellung des Blatts im Ständestaat 1934 mit wenigen Unterbrechungen wöchentlich im „Götz" abgedruckt. Darüber hinaus präsentierte es schon 1924 gelegentlich mit ein paar nackten Tatsachen und schlüpfrigen Themen vermutlich auch die (weltweit?) ersten Ansätze von „Sex-Comics". Darüber hinaus erschienen im „Götz" auch noch andere Kurzserien und Comicstrips, einer davon („Turl und Schurl" von Peter Eng) sogar ein ganzes Jahr lang.

Und noch eine kleine Comic-historische Sensation hat der „Götz" zu bieten: Knapp ein Jahr lang, bis zur Machtergreifung der Nazis, publizierte der Wiener „Götz" auch eine Satellitenausgabe für Deutschland, die in Berlin und ein paar anderen größeren Städten erschien und u. a. ebenfalls eine eigene Comicserie, wenn auch nur zum Teil mit Sprechblasen, beinhaltete. Österreich missionierte also Deutschland in Sachen Comics.

Der aktuelle Letztstand der Comic-Schürfarbeiten in der Wiener Nationalbibliothek ist übrigens eine Sprechblasen-Comic-Seite in der Satire- und Erotik-Zeitschrift „Die Muskete" aus dem Jahr 1919 (!). Ebenfalls von Peter Eng und ebenfalls schlüpfriger Natur.

Mit diesen Publikationen nimmt Wien eine zumindest für Kontinentaleuropa hervorragende Stellung in der Frühzeit des Mediums ein. Und wer weiß, was noch so alles in den Tiefspeichern der Österreichischen Nationalbibliothek verborgen liegt.

Die Abenteuer der Familie Riebeisl im „Götz von Berlichingen"

Das Gelbe vom Kaiser

Das habsburgische Kaisergelb steht historisch für den Glanz und die Verbreitung der österreichischen Monarchie. Und tatsächlich findet man auch heute noch, von Krakau bis Moldawien, viele alte (vor allem Amts-) Gebäude, die bis jetzt, wenn auch oft vergilbt und abgeblättert, die kaiserlichen Farben tragen.

Die Farbe ist auch als „Schönbrunner Gelb" bekannt, weil Schloss Schönbrunn, geradezu protoytpisch, in dieser Farbe erstrahlt. Das war allerdings nicht immer so. Das Schloss hat im Laufe der Zeit mehrmals die Farbe gewechselt und war u. a. blau, wie man nicht nur bei Renovierungen und auch auf alten Ansichten feststellen kann. Und es war bei seiner Errichtung ... rosa. Kaiserinnenrosa sozusagen.

Auch das Onlinelexikon Wikipedia kennt die Farbe „Kaisergelb" und beschreibt sie als „ein erdiges rötliches Gelb. Sie entspricht der Farbnuance einer Färbelung mit dem Pigment Goldocker in Kalk."

Dieses barocke Gelb korrespondiert natürlich politisch gesehen auch mit der Farbe Gelb in der schwarzgelben Farbe des habsburgischen Kaiserhauses, die wiederum auf die Farben des Kaisers des Heiligen Römischen Reiches zurückgeht. Auch das Schwarz und das Gelb in der heutigen deutschen Flagge stammen daher.

Aber auch an einer anderen, eher unerwarteten Stelle findet sich das Habsburger-Kaisergelb – und zwar in der brasilianischen (!) Flagge. Dazu folgende Geschichte:

Die Tochter von Kaiser Franz I., Erzherzogin Maria Leopoldine (Josepha Caroline) von Habsburg, von den Wienern kurz „Poldl" genannt, wurde in Fortführung der guten alten Heiratspolitik der Habsburger und auf drängendes Betreiben von Fürst Metternich mit dem portugiesischen Kronprinzen Dom Pedro verheiratet. Am 1. Dezember 1822 wurde sie durch die Krönung ihres Gatten zu Kaiserin von Brasilien.

Da sie (im Gegensatz zu ihrem Gemahl) starkes Interesse an ihrem neuen Land zeigte und viel zu dessen Förderung unternahm und auch die eigentliche Wegbereiterin der Unabhängigkeit des Landes war, wird sie bis heute in Brasilien als „Landesmutter Brasiliens" und „Imperatriz Leopoldine" geehrt und gefeiert. U. a. war sie einmal das Jahresthema und bunte und lautinterpretierte Zentrum des Karnevals in Rio.

Darüber hinaus betrieb Kaiserin Poldl auch engagiert die Ansiedlung von Österreichern nach Brasilien, was u. a. vor 150 Jahren zur Gründung des bis heute bestehenden Dorfes „Tirol" durch Einwanderer aus dem Stubaital führte, deren Nachkommen bis heute Deutsch sprechen und Tiroler Traditionen pflegen.

Der Friedhofsexpress

Wien und seine Toten. Eine geradezu unendliche Geschichte, immer wieder durchsetzt mit Kultur und Kuriositäten. Gehäuft anzutreffen vor allem am Wiener Zentralfriedhof.

Man denke nur an die dort jeden Herbst abgehaltenen Jagden der Simmeringer Jagdgesellschaft, die vor allem dem an den Gräbern und Grabschmuck nagenden Niederwild zu Leibe rücken. Auf manchen Grabsteinen kann man auch Spuren der Schrotkugeln finden. Da die Jagd aber per Gesetz auf Friedhöfen „ruhen" muss, handelt es sich natürlich nicht um eine Jagd, sondern um einen ... „Zwangsabschuss" – eine typisch österreichische Lösung eben.

Aber nicht nur der Zentralfriedhof, sondern bereits der Weg dorthin ist, wenn zwar schon nicht mit Leichen, dann wenigstens doch mit Anekdoten gepflastert. Wie die der, lange Zeit eher als legendäres Gerücht kursierenden, Geschichte um die Idee der Sargbeförderung per Rohrpostanlage.

Sie stimmt aber und hat auch handfeste, vernünftige Hintergründe. In der ersten Zeit des Bestehens des Zentralfriedhofes, der 1874 eröffnet wurde, war die einzige Möglichkeit, die Körper Verstorbener dorthin zu befördern jene, sie mit Pferdefuhrwerken zu transportieren. Nun sind Pferdefuhrwerke nicht sehr schnell, der Weg nach Simmering war weit, die Leichen nicht immer ganz frisch ... Kurz: Es gab diverse Probleme u. a. im olfaktorischen Bereich. Daneben galt es, die Simmeringer Bevölkerung vom dauernden Durchzugsverkehr der Totentransporte zu entlasten.

Denn die hatte ihre liebe Not mit den endlosen Kolonnen von Toten, welche die heutige Simmeringer Hauptstraße zu einer wahren „Begräbnisstraße" machten. Neben depressiven Gefühlen und der eher im Sommer vermehrt auftretenden Geruchsbelästigung, gab es vor allem im Winter gravierende Probleme. Bei besonders unwirtlichen Bedingungen blieben die Fahrten ohne Mittel der modernen Straßenräumung nämlich oft auf ihrer Reise über die „unwirthbare Simmeringer Haide" (Originalzitat) im Schnee stecken. Särge mussten oft in Wirtshäusern entlang der Strecke zwischengelagert werden.

Ideen zur Lösung gab es einige, sie reichten von einer eigenen Eisenbahnlinie für Leichentransporte über eine „Dampf-Tramway" am Donaukanal entlang bis zu einer eigenen frühen Form der U-Bahn, die zum Zentralfriedhof fahren sollte. Mit einem weiteren Vorschlag trat schließlich Franz Felbinger, Techniker, Industrieller und Maler, auf den Plan. Er schlug 1874 gemeinsam mit dem Architekten Josef Hudetz ein revolutionäres technisches Konzept vor, um das Problem zu lösen – die „pneumatische Leichenbeförderung".

Die Idee war, eine der Innenstadt nahe, zentrale Lagerstelle für Särge und eventuell auch Aufbahrungshalle zu schaffen. Gedacht wurde dabei an eine katholisch-evangelisch-jüdische dreigeteilte Begräbnishalle, die in der Gegend zwischen der seinerzeitigen Belvedere-Linie und der St. Marxer-Linie erbaut werden sollte.

Der Transport der Leichen von dort nach Simmering sollte dann mittels unterirdischer Rohrpostanlage vollzogen werden. Soll heißen, die Särge wären dafür in eigens konstruierte Kapseln geschlossen und auf Transportwagen gelegt worden. Diese Transportwagen sollten jeweils drei bis vier Särge fassen und auf Flachschienen durch die Unterwelt reisen. Demnach wären sie dann mithilfe von Druckluft und einer 150-PS-Hochdruck-Dampfmaschine mit enorm hohen Geschwindigkeiten in einer zehnminütigen Fahrt, aufgrund der erwarteten Lärmbelästigung anrainerschonend bevorzugt in den frühen Morgenstunden, durch die zirka 4,5 Kilometer lange Röhre geschossen worden. Eine Art Kavalierstart ins Jenseits sozusagen.

An sich, abgesehen von gewissen der Pietät zuzurechnenden Bedenken, eine durchaus famose Idee. Allerdings steckt wie so oft der, Pardon!, Teufel im Detail. Man konnte ja nicht davon ausgehen, dass die Anlage ständig zu hundert Prozent klaglos funktionieren würde, denn was tut das schon? Und die Schächte wären natürlich über weite Strecken ohne Öffnungen nach oben, zur Straße hin errichtet worden. Was also, wenn durch irgendeinen Defekt Särge irgendwo unterwegs stecken geblieben wären? Es wäre kaum möglich gewesen, schnell genug an sie heranzukommen – bevor die Leichen darin zu arg verwest wären. Hier wäre dann die Grenze der Pietätlosigkeit und der Zumutbarkeit für die Hinterbliebenen doch zu sehr überschritten worden.

Deswegen blieb es lediglich bei dem Plan, und der Transport der Toten wurde weiterhin per Pferd erledigt. – Bis 1918 eine andere Form der Modernisierung in dieser Sache Einzug hielt und die Leichen mit der elektrifizierten Straßenbahn befördert wurden – der lange noch im Volksmund sprichwörtlichen „Schwarzen Tram". Ab dem Jahr 1925 wurden sogar eigene motorisierte Leichenwagen eingesetzt.

Franz Felbinger, trotz der Ablehnung unverzagt, modifizierte seine Idee und konnte sie schließlich erfolgreich an die Wiener Post verkaufen. 1875 wurde die „pneumatische Rohrpostanlage" mit insgesamt 14 Kilometern an Rohren in Betrieb genommen. Anfangs wurde sie nur für Telegramme (Depeschen) und Eilsendungen, die zwischen zehn Postämtern hin und her befördert wurden, eingesetzt. Im Laufe der Zeit wurde das Netz ausgebaut, und 1913 waren bereits 53 Postämter durch insgesamt 82,5 Kilometer Rohrnetze miteinander verbunden. Bis zu 20.000 „Büchsen" genannte Zylinder sausten pro Tag mit etwa 50 km/h durch die Rohre. Ab 1902 wurde das System durch neue Kompressoren verbessert, deren Installation übrigens von Hanns Hörbiger, dem Urvater der Hörbiger-Dynastie, durchgeführt wurde. Das Postnetz wurde – obwohl im Zweiten Weltkrieg schwer beschädigt – bis ins Jahr 1956 weitergeführt. Dann zwar als unrentabel eingestellt, aber gelegentlich noch Jahrzehnte später vereinzelt für Eilbotensendungen genutzt.

Der Kanal, der war

Vor ein paar Jahren noch weitgehend unbekannt, erlebt eines der interessantesten Wasserbauwerke rund um und in Wien eine gewisse Renaissance. Denn einerseits werden die fast ausschließlich in Niederösterreich liegenden Teile zunehmend revitalisiert und genutzt, wenn auch nicht zum ursprünglichen Zweck, und andererseits gibt es immer wieder Artikel in Zeitungen und Erwähnungen über diese bautechnische Besonderheit.

Die Rede ist vom Wiener Neustädter Kanal, eine veritable Wasserstraße, die vor 200 Jahren tatsächlich Wiener Neustadt mit der Wiener Innenstadt (!) verbunden hat. Ende des 18. Jahrhunderts war der Waren- und Personentransport zu einem zunehmenden Problem geworden. Da die Eisenbahn erst dabei war, erfunden zu werden, verließ man sich vielerorts auf eine traditionelle Technik – nämlich dem Graben von Kanälen zum Zweck des Transports auf dem Wasser. Oft verbanden diese Kanäle schon bestehende Gewässer, um sie zu einem Netz oder einer weite Distanzen überspannenden Verbindung zu machen (siehe auch S. 41). Manchmal wurden aber auch Strecken gegraben, die keine unmittelbare Verbindung bestehender Wasserwege bedeuteten.

Wie eben der Kanal zwischen den zwei wichtigen Städten des Habsburgerreichs Wien und Wiener Neustadt. Wobei die gut 63 Kilometer erst der Anfang hätten sein sollen. Es gab Pläne, den Kanal immer weiter Richtung Süden über Ödenburg nach Raab, ja bis nach

Triest (Luftlinie 300 Kilometer, 430 Straßenkilometer) zu bauen. Diesem Vorhaben kam dann aber, abgesehen von der Frage der Wirtschaftlichkeit, doch auch noch die Erfindung der Eisenbahn dazwischen. Ein Problem bei solchen wassertechnischen Unternehmungen waren natürlich immer die Höhenunterschiede. Schon für die Strecke Wien–Wiener Neustadt galt es – gemessen an den Ausgangs- und Endpunkten – 93 Höhenmeter zu überwinden. Durch das Auf und Ab der Landschaft summierten sich diese aber sogar auf 200 Meter! Zwischen Wiener Neustadt und Triest wären es – gemessen an den Ausgangs- und Endpunkten – noch mal 220 Höhenmeter gewesen – effektiv aber sicher noch viel, viel mehr, wenn man die Werte des Wiener Beckens zum Vergleich heranzieht.

Der Wiener Neustädter Kanal wurde jedenfalls zwischen 1797 und 1803 errichtet – aber schon 1879 großteils wieder aufgelassen, bis zum Ersten Weltkrieg hin ganz eingestellt und in den Jahren 1928 bis 1935 weitgehend zugeschüttet. Es war keine schnelle Verbindung und nicht sehr breit. Meist wurde Baumaterial wie Holz und Ziegeln, aber auch Steinkohle befördert. Mit Be- und Entladung dauerte die Fahrt, teilweise über Aquädukte und durch 52 Schleusen, gut drei Tage. Aber der Transport war vergleichsweise billig: Eine einzige derartige Fuhr konnte bis zu 30 Tonnen Ladung transportieren. Zum Vergleich: Zwei Pferde hätten auf der Straße nur zwei Tonnen bewegen können.

Viele der Kanalteile in Niederösterreich bestehen noch heute, sind mit Wasser gefüllt und können auf

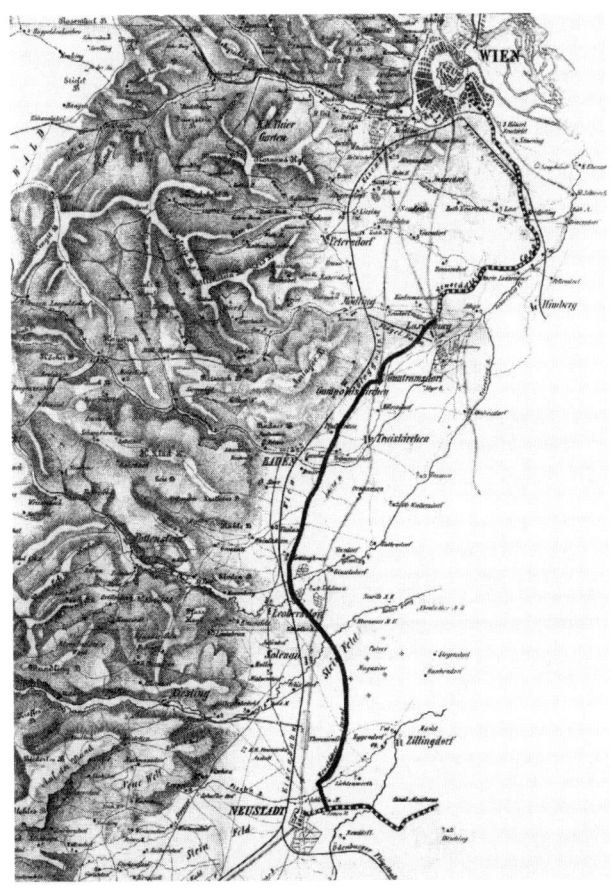

Der Wiener Neustädter Kanal.

ganz normalen Straßenkarten leicht nachvollzogen werden. Von Wien aus führte der Kanal über St. Marx, Simmering und Kledering bis nach Laxenburg – und ab

Gumpoldskirchen entlang der heutigen Südbahnstrecke. Innerhalb von Wien gibt es ebenfalls noch viele Teile des Kanals, die mittlerweile jedoch trockengelegt wurden und meist von der Schnellbahn befahren werden. Auch städtebaulich ist er über weite Strecken hin noch gut nachzuvollziehen.

Der Endhafen des Kanals befand sich in unmittelbarer Innenstadtnähe, damals also knapp vor den Stadttoren, beim Invalidenhaus, der heutigen Station Wien Mitte. Witziges Detail am Rande: Der Kanal führte von der Wiener Ungargasse direkt zur Ungargasse in Wiener Neustadt!

Später wurde der Hafen etwas weiter weg, zwei Kilometer nach Süden, in die Gegend des nicht mehr bestehenden Aspangbahnhofs (Rennweg) verlegt.

Das Becken des ursprünglichen Endhafens bei Wien Mitte wurde anschließend für andere Zwecke genutzt. Etwa für winterliche Vergnügungen: Der erste Eislaufplatz des „Wiener Eislaufvereins" wurde am 3. Februar 1867 hier eröffnet. Erst im Zuge des Baus der Stadtbahn im Jahre 1900 (siehe auch S. 99) wurde der beliebte Eislaufplatz samt dazugehörigem Verein an den noch heute existierenden Platz am Wiener Heumarkt verlegt.

Die bestehenden Teile des Kanals in Niederösterreich werden heute größtenteils als Naherholungsgebiet zum Wandern, Spazierengehen und Radfahren, aber auch zum Fischen benutzt.

Der Wiener Atomreaktor

In Österreich gibt es keine Atomreaktoren, weil ihre Erbauung durch das legendäre Volksbegehren und das Atomsperrgesetz verboten wurde. Richtig? Falsch!

Denn Atomreaktoren zu wissenschaftlichen Versuchszwecken sind von dieser Sperre ausgenommen.

Ah ja, Seibersdorf, mag da so manchem im Ohr klingen. Richtig, dort stand ein Versuchsreaktor, der jedoch mittlerweile außer Betrieb ist. Ebenso der in Graz. Aber einen gibt es noch. Und zwar in Wien. Und zwar an der Kreuzung mehrerer stark befahrener Straßen.

Wer von der Praterbrücke auf der Südosttangente kommend zum Donaukanal Richtung Innenstadt abbiegen will, kennt diese lästige, immer rote Ampel, die dem Querverkehr auf der Schlachthausbrücke die Einfahrt zum Prater ermöglicht. Sollten Sie dort wieder einmal stauen, wenden Sie doch ihren Blick nach rechts. Da steht in Spuckweite ein nicht weiter auffälliger, aus weißen und gelben Teilen bestehender Zweckbau. Nämlich, was kaum jemand weiß, das Atominstitut der österreichischen Universitäten.

Auf der anderen Seite des Gebäudes grenzen Schrebergärten, die wohl so manche Obst- und Gemüsezucht beheimaten, an das Gelände. Dazwischen, nur wenige Dutzend Meter entfernt von Gartenzwergen und stauenden Autos, brütet und strahlt Österreichs einziger Atomreaktor vor sich hin.

Aber keine Sorge: Es ist nur ein ganz ein kleiner und hört auf den Namen „TRIGA II VIENNA".

Gerade mal 200 Grad wird er heiß, also ein bisschen mehr als Sauna-Temperatur, und gekühlt wird er mit Donauwasser. Ein „normaler" Reaktor wird viel, viel heißer, kein Wunder, bringt der auch eine Leistung, die um den Faktor 12.000 höher ist. Dennoch, auch hier in Wien werden Kerne gespalten und strahlender Abfall produziert. Der Reaktor ist an 220 Tagen des Jahres (radio)aktiv.

Aber eben alles in kleinem Maßstab. Gerade mal 38 Gramm Uran verbraucht der Reaktor innerhalb von vier Jahren – in einem normalen Reaktor sind es Tag für Tag viele Kilogramme.

Errichtet wurde die Anlage schon 1962, seit damals dient sie nur der Forschung, etwa auf den Gebieten der Quantenmechanik, der Quantenoptik (in denen Österreich durchaus international bedeutend mitspielt) und der Materialforschung, nicht aber der Energiegewinnung (was bei der geringen Ausbeute auch kaum sinnvoll wäre). Aber natürlich gibt es trotzdem strenge Sicherheitsvorkehrungen. Passieren kann so gut wie gar nix. Sagen die Forscher. Und die werden's schon wissen. Dennoch gilt sein Standort mitten in Wien (Entfernung Stephansdom–Kernreaktor: ca. 3,2 Kilometer) durchaus als etwas Besonderes.

Man kann TRIGA II VIENNA übrigens auch besichtigen, bei öffentlichen Führungen, was pro Jahr an die 2000 Menschen, hauptsächlich Schüler und Schülerinnen, machen.

Ach ja, und der Atommüll – der geht zur Endlagerung in die USA.

Eisiges

Heute lockt im Sommer eine bunte Beiselszene mit rockigen oder Latino-Rhythmen und Alkoholika jeglicher Provenienz nächtliche Besucher neben die Reichsbrücke an beide Ufer der Neuen Donau. Da dort mehr oder weniger Kagran ist, allerdings liegt streng genommen noch Kaisermühlen dazwischen, heißt die heiße Gegend, wie jeder Wiener weiß, folgerichtig „Copa Cagrana".

Nicht weit davon entfernt, nämlich zwischen der Kagraner Brücke und Kaiserwasser, befand sich etwa hundert Jahre früher ein anderes gefeiertes Gastronomie-Gebiet, das aber einen wesentlich kühleren Namen trug. Nämlich „Franz-Josefs-Land", benannt nach einer polaren Inselgruppe.

Und das kam so: Im Zuge der erfolgreichen k.-u.-k.-Nordpolexpedition in den Jahren 1872 bis 1874 unter Professor Julius von Payer und Karl Weyprecht wurde am 30. August 1873 „terra incognita" entdeckt: eine heute zu Russland gehörende Inselgruppe im Nordmeer, die Payer auf den Namen Franz-Josefs-Land taufte, der damit gewissermaßen eine der wenigen „Kolonien" der Habsburger-Monarchie schuf.

„Semlya Franza-Iossifa", so der russische Name, besteht aus beinahe 200 Inseln und hat mit dem 900 Kilometer südlich des Nordpols gelegenen Kap Fligeli (Mys Fligeli) auf der „Rudolf-Insel" (Ostrow Rudolfa) u. a. den nördlichsten Landpunkt Europas zu bieten. (Nur noch die Nordspitze Grönlands und die kanadischen Ellesmere-Inseln liegen nördlicher.) Die Expedition setzte zuerst Fuß auf die Gallia-Insel und nannte den Punkt (nach ihrem Schiff und natürlich dem berühmten Admiral) „Kap Tegetthoff" (Mys Tegetchof).

Weitere – aus österreichischer Sicht – originelle Inselnamen sind u. a.: die Wiener Neustadt-Insel (Ostrow Winer Neischtadt), das Wilczekland (Wiltschek-Land, Semlja Wiltscheka, nach dem Sponsor der Expedition, Graf Wilczek), die Hohenlohe-Insel (Ostrow Gogenloe), die Klagenfurt-Insel (Ostrow Klagenfurt) und die Ziegler-Insel (Ostrow Ziglera).

Nach der Rückkehr der Expedition publizierte Payer ein Buch mit zahlreichen eigenen Gemälden, die auch in einer Ausstellung gezeigt wurden, was die Sache der breiteren Öffentlichkeit bekannt machte.

Das und die Erfolge der Expedition führten zu einer patriotischen Euphorie in Wien und animierte u. a. den Gastwirt Franz Magenstein, sein an der Alten Donau gelegenes Gasthaus „Zum Franz-Josefs-Land" zu nennen. Dem Trend folgend entstanden weitere Gasthäuser mit Namen wie „Zum Nordpol" oder „Zum Nordlicht". Ab 1876 wurde das Gebiet an der Alten Donau schließlich halboffiziell „Franz Josephs Land" genannt. Von dieser Vergangenheit zeugt heute u. a. noch die dort befindliche Julius-Payer-Gasse.

Einen weiteren Bezug zur Kälte hatte die Gegend auch deswegen, weil früher, genauer gesagt von 1882 bis 1917, im Winter aus der alten Donau Eisblöcke gehackt und dann in Kühlhäusern und sogenannten Eisgruben gelagert wurden. Die damals einzige Möglichkeit, Eis ganzjährig zur Verfügung zu haben.

Später wurden dann in dieser Gegend auch Eisfabriken und Eishäuser gebaut, wovon die noch heute bestehende Eiswerkstraße zeugt. Die Firma „Vereinigte Eisfabriken und Kühlhallen in Wien" gibt es noch heute, damals wurde sie als „Eisfabrik der Approvisionierungs-Gewerbe in Wien" gegründet. Heute steht sie einmal quer über die Donau in Brigittenau und ist S-Bahn-Fahrern durch den großen, aufgemalten, blauen Eisbären an der Hauswand bekannt.

Freihacken von Schiffen in eisiger Kälte (um 1954).

Von der Falcogasse und anderen

Lange gefordert und heiß umkämpft: Johann Hölzel alias Falco, Österreichs toter Pop-Star Nr. 1, erhielt am 5. Juni 2009 endlich seine eigene Straße – die Falcogasse im 22. Bezirk. Sie ist 250 Meter lang, verläuft hinter einem Gebäudekomplex parallel zum Rennbahnweg und ist eigentlich ein Gehweg. Das ist schön, die Fans freuen sich, die Tafeln werden regelmäßig gestohlen – aber als Wohnadresse wird so bald niemand die Falcogasse angeben können. Ebenso wenig wie die andere, schon länger nach dem Sänger benannte offizielle Verkehrsfläche, die Falcostiege. Diese existiert schon seit 2003 und führt vom stadtauswärts gelegenen Ausgang der U4-Station Pilgramgasse am Flohmarktgelände im äußeren Teil des Naschmarkts zur Rechten Wienzeile hinunter.

Denn „echte" Umbenennungen von bestehenden Straßen mit vielen Wohn- und Geschäftsadressen sind rar in Wien. Was zu Zeiten von großen Revolutionen und Besetzungen durch fremde Mächte weltweit üblich war und noch immer ist, nämlich gerade die großen und wichtigsten Straßen zu Ehren der jeweiligen Machthaber effektvoll umzubenennen, wird in Friedenszeiten selbst bei kleineren Gässchen eher vermieden. Zu umfassend sind die Konsequenzen einer solchen Umbenennung. Nicht nur dass Straßenverzeichnisse umgedruckt und mittlerweile auch Navigationsprogramme umgeschrieben werden müssten, auch der gesamte Verwaltungsaufwand und der Papierkram wären enorm. Und für die Stadt teuer. Vielmehr für den Bezirk. Denn erfolgt eine derartige Namensänderung, muss der jeweilige Bezirk sämtliche Kosten dafür tragen. Und das nicht etwa nur für die neuen Straßentafeln, sondern für alle anderen notwendigen Änderungen. Und das beinhaltet etwa alle Dokumente der Bewohner sowie Briefpapier und Visitkarten von ansässigen Firmen.

Daher wird auch die Umbenennung von belasteten Straßennamen, wie solche, die ehemaligen Nazis oder Vordenkern des Antisemitismus gewidmet sind, nur sehr zögerlich angegangen. Einen „Glücksfall" stellte diesbezüglich die Umbenennung des Schlesingerplatzes im achten Bezirk dar. Der wurde nämlich von Schlesingerplatz in ... Schlesingerplatz umbenannt.

Das heißt, eigentlich wurde er nur umgewidmet. Statt an den Reichsratsabgeordneten, Gemeinderat und rabiaten Antisemiten zu Zeiten des Bürgermeisters Lueger *Josef Schlesinger* zu erinnern, ist er seit 2006 der jüdischen sozialdemokratischen Politikerin, Frauenrechtlerin und Schriftstellerin *Therese Schlesinger* gewidmet. Damit wurde ein wichtiger Platz, immerhin Sitz der Bezirksvorstehung Josefstadt, drei Jahre nach dem Antrag der Grünen endlich „entnazifiziert". Das wurde freilich auch deswegen möglich, weil in diesem Fall eben keinerlei Kosten für Änderungen von wichtigen Dokumenten zu berappen waren. Lediglich, aber wichtigerweise, eine Gedenktafel mit der Aufschrift „Therese Schlesinger (1863–1949) Vorkämpferin für Frauenrechte" wurde unter der Straßentafel montiert. Gewissermaßen ein positiver „Schild-Bürger-Streich".

Aber abgesehen von dieser virtuellen Änderung grassieren in Wien seit einigen Jahren die Benennungen von Verkehrsflächen, die eigentlich keine

Die Falcostiege bei der U-Bahnstation Kettenbrückengasse.

sind. Siehe Falcostiege wie -gasse. Das kann man so oder so sehen. Einerseits handelt es sich bei der Benennung von Stiegen, Sackgassen, ja, gewissermaßen Hinterhöfen und Gehsteigkanten eigentlich um Alibi-Benennungen, da sie mit keiner effektiven Haus- oder Wohnadresse verbunden sind. Andererseits kann man auf diese Weise viele Plätze der Ehrungen und Erinnerungen schaffen, ohne sich auf lange und teure Verfahren einzulassen und oft auch direkt an Orten, an denen eine echte Umbenennung schwierig bis unmöglich wäre. Siehe den seit 1990 so bezeichneten Desider-Friedmann-Platz im ersten Bezirk – ein ursprünglicher Nichtplatz an einer zentralen und altehrwürdigen Stelle, an der Judengasse, Sterngasse, Seitenstettengasse und Fleischmarkt aufeinandertreffen. Hier wäre eine echte Umbenennung (wovon auch?) wirklich schwierig gewesen. Heute erinnert der Platz aber wirkungsvoll und zentral an den Präsidenten der Israelitischen Kultusgemeinde (IKG) während der Nazizeit. Und mittlerweile machen zwei Eingänge, die zuvor nicht existierten bzw. keine Nummerierung besaßen, den Platz nunmehr auch zu einer wirklichen Postadresse.

Übrigens bekam auch gleich die Stiege, die von diesem Neoplatz zum Fleischmarkt führt, 1996 anlässlich des 3000. Geburtstages von Jerusalem einen neuen, oder besser: erstmals einen Namen und heißt jetzt eben Jerusalemstiege.

Wirklich neu benannt werden hauptsächlich – aus Gründen der Stadterweiterung – neu errichtete Straßen und Plätze. Und hier griff und greift man auch heute noch gerne auf thematische Cluster zurück. Manchmal nicht ohne Humor. So wurde erst kürzlich die Benennung eines Umkehrplatzes, vulgo Sackgasse, im Stammersdorfer Neubaugebiet in „Cordoba-Platz" beschlossen. Einzige Zu- und Abfahrt dorthin ist, wie könnte es anders sein, die „Edi-Finger-Straße" …

Andere solche Cluster, dann meist „Viertel" benannt, wären etwa das Blumenviertel (Wulzendorf), das Edelsteinviertel (Leopoldau), das Flussviertel (Nordrandsiedlung), das Fußballerviertel (um die Ocwirkgasse), das Geisteswissenschafterviertel (Großfeldsiedlung), das Literatenviertel (am Schafberg), das Nibelungenviertel (an der Schmelz), das Pflanzenviertel (Hirschstetten), das Physikerviertel (Jedlesee), das Planetenviertel (Siedlung Wolfersberg), das Revolutionsviertel (um den Achtundvierzigerplatz), das Schwedenviertel (Per-Albin-Hansson-Siedlung), das Tier- und Pflanzenviertel (Kordon-Siedlung) und das Widerstandsviertel (Alfred-Huth-Gasse, Rudolf-Raschke-Gasse etc.).

Ein anderer Trend, der seit einigen Jahren anhält, ist der, Straßen und Plätze nach wichtigen an der Stelle ansässigen Firmen zu benennen. Da das aber vom Gesetz her eigentlich nicht geht, sind diese Benennungen oft recht erfinderisch. So orientieren sie sich entweder an den Firmengründern, wie etwa der Friedrich-Wilhelm-Raiffeisen-Platz im zweiten Bezirk (auch so ein Fall von Gehsteigkantenplatz) oder der Ferdinand-Piatnik-Weg. Oder die Benennungen erfolgen irgendwie indirekt. So ist etwa die Alcatel Austria AG am Kommunikationsplatz zu Hause, Philips in der Computerstraße und Ikea in der Sverigestraße.

Übrigens: Die einheitliche Beschilderung aller Wiener Verkehrsflächen mit weißer und weiß umrandeter Schrift auf eckigen blauen Schildern besteht erst seit 1944, die Grundstruktur dafür aber schon seit 1923. Davor gab es mehrere Perioden mit einer ganzen Reihe von Formen und Farben, die auch handfeste Informationen mit vermittelten. Vor 1770 existierte überhaupt keine (einheitliche) Nummerierung, die Häuser trugen meist Namen. Erst nach der Eingemeindung der Vorstädte im Jahr 1862 wurde eine gassenweise Nummerierung der Häuser in den Straßen eingeführt.

Die damals erlassenen Vorschriften gelten im Wesentlichen auch heute noch. Da Wien im Prinzip sternförmig aufgebaut ist, unterscheidet man zwischen *Radialgassen*, die sozusagen vom Zentrum Stephansplatz wegführen, und *Quergassen*, die den ersten Bezirk quasi „umrunden". Auch heute kann man sich noch daran orientieren, weil die Radialgassen stadtauswärts aufsteigend nummeriert sind und die Quergassen im Uhrzeigersinn. Zur besseren Orientierung erhielten die Radialgassen darüber hinaus *eckige* Straßentafeln und die Quergassen *ovale*. Ja sogar die einzelnen Hausnummern waren eckig oder oval gestaltet, was ohne Straßenplan und Navi damals sicher eine unschätzbare Orientierungshilfe war. Die Tafeln im ersten Bezirk waren einheitlich rechteckig.

Eine weitere Unterscheidungshilfe waren die Schriftfarben: Die Namen von *Straßen* und *Gassen* wurden in schwarzer (Fraktur-)Schrift geschrieben, Namen von *Plätzen* in roter.

Darüber hinaus erhielten alle (damaligen) Bezirke eine eigene Umrahmungsfarbe, die man teilweise heute noch bei sehr alten Tafeln bzw. seit den 1980er-Jahren aus nostalgischen und touristischen Gründen auch bei neuen, historisierenden Tafeln sehen kann.

Die nächste Umstellung erfolgte aber bereits 1923, als die Frakturschrift zugunsten der moderneren Lateinschrift aufgegeben wurde. Die Tafeln wurden auf das noch heute übliche Muster (weiße Schrift auf blauem Grund) umgestellt – allerdings wurden die Schilder der Querstraßen in den Bezirken zwei bis 21. weiterhin an den Ecken abgerundet. Ganz eckig wurden sie – wie oben erwähnt – erst 1944. Aufmerksame Wien-Durchstreifer können aber bis heute Spuren praktisch jeder dieser Betafelungsphasen, meist an abgelegeneren Orten, entdecken.

Doch zum Schluss noch mal zurück zur Verkehrsflächenbenennung: Wie es 2009 zur Benennung eines Rundumwegs (vielleicht handelt es sich ja um einen traditionellen Spazierweg?) im 22. Bezirk zwischen Kahlergasse und Schlachthammergasse, in „Habe-die-Ehre-Gasse" kam, ist dem Verfasser dieser Zeilen unbekannt. Angeblich werden im 22. Bezirk aber immer wieder Verkehrsflächen nach typischen Wiener Ausdrücken benannt. So gibt es zwischen „Goldemundweg" und „Am langen Felde" auch eine „Haberergasse".

Donau-oder-doch-nicht-Oder-Kanal

Am südwestlichen bis westlichen Ende von Wien befindet sich ein künstliches Gewässer, das von den Donauauen, genauer vom sogenannten Ölhafen, bis ins Marchfeld bei Groß Enzersdorf reicht – und dort plötzlich und unmittelbar im fruchtbaren Ackerboden und in der Heimstätte der Iglo-Erbsen und -Karotten endet. Der Name des in vier Teile gegliederten Gebildes ist irritierenderweise Donau-Oder-Kanal.

Denn auf die 320 Kilometer einer gedachten Verbindung zwischen den Flüssen Donau und Oder fehlen davon noch weit über 310 Kilometer.

An sich wäre die Idee zu einer Wasserstraße, welche die Donau mit der Oder und somit das Mittel- und das Schwarze Meer mit der Ostsee verbinden würde, ja nicht so abwegig. Die ersten Überlegungen dazu stammten schon aus dem 14. Jahrhundert. Aber nicht zuletzt die Tatsache, dass die für die Verbindung notwendigen Gebiete (Österreich, Tschechien, Polen) nur selten unter derselben Herrschaft oder auch nur unter der Herrschaft befreundeter Herrscher standen, verhinderte die Durchführung. Die Technik für 320 Kilometer Kanal und 124 zu überwindende Höhenmeter wäre durchaus vorhanden gewesen.

1939 schien es dann aber endlich so weit zu sein: Die notwendigen Gebiete waren (wenn auch nicht ganz friedlich) vereint, und für ein auf tausend Jahre ange-

Nostalgie am Donau-Oder-Kanal.

legtes Reich schien eine derartige Wasserstraße nicht nur schmückend, sondern auch sinnvoll zu sein.

Am 8. Dezember 1939 wurde der (schon 1934 zu bauen begonnene) Gleiwitzer Kanal in Oberschlesien durch Rudolf Heß unter dem damaligen Namen Adolf-Hitler-Kanal eingeweiht. Zugleich erfolgte am anderen Ende, in Wien, der Spatenstich. Nach nur wenigen Kilometern wurde die Arbeit allerdings schon 1940 wieder eingestellt. Mitten im Marchfeld, siehe oben.

Der erste der vier bestehenden Teile, auch Einserkanal (DOK I) genannt, ist nur ein kurzer Nebenarm des Ölhafens. Der zweite Teil (DOK II) ist heute ein mitten im Nationalpark gelegenes, etwa 1,6 Kilometer langes, 80 bis 150 Meter breites und zwei bis drei Meter tiefes Auwaldgewässer, Fisch(er)-Paradies und als Naturbadeplatz freigegeben. Der dritte und der vierte Teil, wesentlich länger aber auch schmäler, sind heute stark bewohnte und besiedelte Gebiete. Wobei der Dreierkanal mit einem Zipfelchen noch nach Wien hineinragt, zum überwiegenden Teil aber über die Stadtgrenze hinaus in Niederösterreich liegt und wie der komplette Viererkanal zur niederösterreichischen Gemeinde Groß Enzersdorf gehört.

In der unmittelbaren Nachkriegszeit etablierten sich diese zwei letzten Kanalreste als überaus beliebtes Naherholungsgebiet für Badende und Schwimmende aus Wien und nahen niederösterreichischen Gemeinden. Nach einer durchgeführten Parzellierung in den 1960er-Jahren entstanden dann Hunderte schrebergartengroße Grundstücke, die sich von anderen Schrebergärten vor allem dadurch unterscheiden, dass jeder einen eigenen Wasserzugang besitzt.

Besonders in den späten 60er- und frühen 70er-Jahren des 20. Jahrhunderts war das Leben am Kanal sehr en vogue, und zahlreiche Prominente wie Burgtheater-Schauspieler Fritz Muliar hatten hier ein Haus. Die Versorgung der Bewohner mit Milchprodukten und vor allem Eis der nahe gelegenen Eskimo-Iglo-Werke übernahm teilweise ein aufgrund seiner Bemalung auch

„Mecki-Boot" genanntes überdachtes Verkaufsfloß mit Tiefkühltruhe, das die dort im Sommer zahlreich lebenden Kinder per Glocke zum Einkauf ans hauseigene Ufer lockte.

Groß Enzersdorf selbst ist übrigens einer der interessanten Fälle einer eigenen Stadt am Rande einer eigentlich alles überschattenden Großstadt. Wie nahe sie tatsächlich an Wien angebunden ist, zeigt u. a. die Tatsache, dass die Wiener Buslinie 26A hier in Niederösterreich ihre Endstation hat. Mehr noch, durchquerte bis 1970 die Wiener Straßenbahnlinie 317 von Eßling kommend ganz Groß Enzersdorf und endete mit ihrer Wendeanlage erst östlich davon – in Sichtweite des Donau-Oder-Kanals. Reste der Gleisanlage, der Trasse sowie der Oberleitungen sind bis heute sichtbar.

Am anderen, dem Wien zugewandten Ende der Stadt liegt das Areal des einzigen Autokinos amerikanischer Prägung, das sich in Österreich als solches durchsetzen konnte. Natürlich wurde es stets in den Wiener Kinoprogrammen gelistet, heute heißt es Autokino Center Wien – und hat mittlerweile drei Leinwände, die in verschiedene Richtungen zeigen! In den 70ern gab es nur eine große, auch von der nahen Wiener Straße aus gut zu erkennende, Leinwand. Und die gelegentlich spät Nachts am Programm stehenden Sex- und Pornofilme sollen dort damals zu manchem Stau auf der Parkspur der Straße sowie zu vermehrten illegalen Zaungästen in den dahinterliegenden Feldern geführt haben. Den Ton dazu konnte man sich notfalls ja denken.

Gedenktafel-Schildbürger

Schottenfeldgasse 60: eine weitgehend unauffällige Adresse mitten in einer Durchzugsstraße. Ein paar Medienunternehmen finden sich in der Gegend, wie fast überall im Siebenten, aber sonst?

Dennoch ist die Adresse besonders, ist sie doch sowohl von historischem Interesse – als auch ein Zeuge von selten schlauer Kreativität seitens der Stadt im Umgang mit historisch belasteten Bauwerken.

Das jüdische Leben vor dem Zweiten Weltkrieg erstreckte sich über die ganze Stadt Wien. Nicht nur im zweiten Bezirk, dem ehemaligen Ghetto, fanden sich Bethäuser, Tempel und jüdische Bewohner. So gab es auch in Neubau ein blühendes jüdisches Leben. Mit 14,8 % der Bevölkerung lag die Anzahl der jüdischen Bewohner 1934 deutlich über dem Wiener Durchschnitt von 9,4 %, was sich u. a. in der Errichtung eines Bethauses mit hebräischer Sprachschule in der Schottenfeldgasse 60 zeigte, das 1938 in der Pogromnacht zerstört wurde.

Das Haus wurde 1940 von den Nazis enteignet und an eine Familie weitergegeben, deren Mitglieder bzw. Nachkommen – via umstrittener Rückstellungsverfahren und vergleichsweise billiger Ablöse an die ursprünglichen Besitzer nach dem Zweiten Weltkrieg – noch immer Besitzer dieses und weiterer Häuser wie des bis heute umkämpften „Nestroyhofs" im zweiten Bezirk sind.

Wie auch immer. Jedenfalls beschloss die Bezirksvertretung Neubau bereits am 1. März 1988 (!) mit einstimmigem Vierparteien-Beschluss die Errichtung einer Gedenktafel an dieser Adresse – und scheiterte an den Besitzern. „Die Eigentümerschaft lehnt eine Gedenktafel an ihrem Haus ab", hieß es, und daran konnte auch der Bezirk rechtlich nichts ändern.

Dennoch ließ diese Sache vor allem den Bezirksgrünen und -roten keine Ruhe. Man grübelte und forschte, und schließlich gelangte die Sozialistische Jugend Neubau 2001 (!), 13 Jahre nach dem ursprünglichen Beschluss, zu einer bahnbrechenden Erkenntnis: Zwar gehören das Haus und die Rechte an seiner Nutzung ausschließlich den Besitzern – das schließt aber nicht den Gehsteig vor dem Haus mit ein.

Weitere Jahre der Planung, Genehmigungsverfahren und Sponsorensuche folgten. Und 2004 konnte der geniale Streich schließlich durchgeführt werden: Die Gedenktafel wurde freistehend *zehn Zentimeter vor dem Haus* auf dem Gehsteig aufgestellt, also auf öffentlichem Grund – und ohne das Haus zu berühren.

Enthüllt wurde die Tafel am 30. September 2004. Übrigens lieferte die Einweihung auch noch ein verblüffendes Nebenergebnis: Sämtliche Hausbewohner waren von der Sozialistischen Jugend eingeladen worden. Erwartet wurden Proteste während der Feierlichkeiten, tatsächlich gab es aber durchgehend positive Reaktionen, über hundert Menschen kamen, und die Schottenfeldgasse musste zeitweise für den Verkehr gesperrt werden.

Entworfen wurde die Tafel von dem Architekten Xaver Marschalek, und sie weist noch eine Besonder-

Die Gedenktafel in der Schottenfeldgasse.

heit auf: Es handelt sich nämlich um eine Metallplatte, durch die ein Gedicht von Erich Fried auf Deutsch und Hebräisch gefräst wurde. Der Text lautet:

„Was keiner geglaubt haben wird, was keiner gewußt haben konnte, was keiner geahnt haben durfte, das wird dann wieder das gewesen sein, was keiner gewollt haben wollte."

Bei Lichteinfall wirkt die Tafel wie eine Schablone und projiziert den Text – auf die Hausfläche.

Eigentümereinwände hin oder her: Der Schatten der Vergangenheit erreicht so via Lichtskulptur dennoch das ehemalige Gebetshaus.

Genial urinal

Auch ein WC kann Kultur und Geschichte haben. Umso mehr in einer Stadt, in der zwar Gehsteige mittlerweile Gehsteige heißen und nicht wie früher Trottoir, aber immerhin Stehklos für Herren noch das schöne französische Fremdwort „Pissoir" tragen. Die ultimativ-euphemistische Verbindung eines der derberen teutonischen Ausdrücke fürs Urinieren mit einer alles auf eine höherer Ebene hebenden französischen Endung.

Wien ist nicht die einzige Stadt, in der historische Toilettenanlagen touristischen Wert besitzen. Man denke nur etwa an die der Göttin Venus Cloacina gewidmete gesellige Bedürfnisanstalten in römischen Ausgrabungsstätten. Allerdings bietet auch Wien hier eine Besonderheit, nämlich die unterirdische Toilettenanlage am Graben (Nähe Tuchlauben/Kohlmarkt).

1905 errichtet, trägt sie stolz den Titel der ältesten unterirdischen Toilettenanlage der Welt. Außerdem ist sie im Jugendstil gehalten und opulentest eingerichtet. Sie wurde von Wilhelm Beetz erbaut, dessen – noch heute bestehende – Firma folgende Vereinbarung mit der Stadt getroffen hatte: Die Firma Beetz durfte in der ganzen Stadt selbst finanzierte öffentliche Bedürfnisanstalten errichten und anschließend 25 Jahre lang kommerziell nutzen. Zumeist waren das die optisch auffälligen, achteckigen Urinale mit Eisenwänden, die man heute noch in manchen Parks und größeren Straßenzügen antrifft. Aber es gab und gibt auch schön gestaltete pavillonartige Häuschen. Ein besonders schön erhaltenes und restauriertes Exemplar am Parkring verspricht in einem über der Tür befindlichen Glasornament sogar Toiletten der „I. und II. Klasse".

Doch zurück zum Graben. Hier kann man u. a. auch eine Kopie der Patenturkunde aus dem Jahr 1883 für ein „Ölurinoir" finden, das Wilhelm Beetz selbst erfunden hat. Und das ist wahrhaftig genial, weil wasserlos zu betreiben und dennoch geruchlos. Heute,

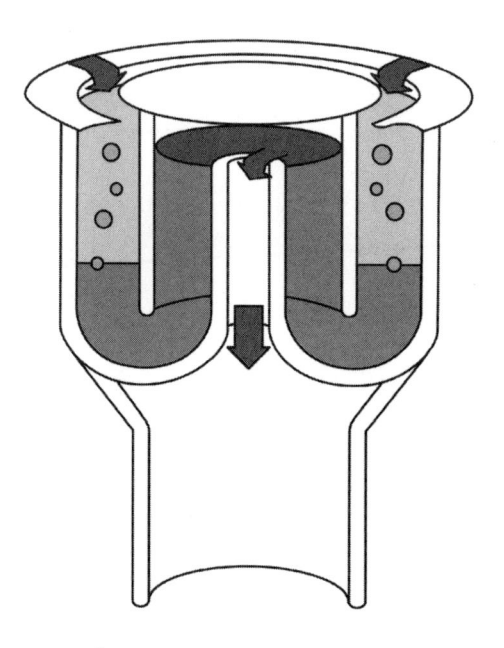

Ein Modell des „Ölurinoir".

über hundert Jahre später, gibt es zwar vergleichbare wasserlose Hightech-Urinale: Durch spezielle „lotusblattartige" Beschichtung lassen sie alles rückstandslos an sich und den Abfluss hinunterrinnen. Beetz hatte aber schon damals eine tadellos funktionierende technische Lösung gefunden:

Das Prinzip ist rein physikalisch. Öl schwimmt oben. Wird nun andere, also, Flüssigkeit von oben in ein teilweise mit Öl gefülltes Becken, also, eingebracht, sinkt die Flüssigkeit unter den Ölfilm und kann daher keinen Geruch mehr abgeben. Knapp unterhalb des Ölteppichs befindet sich unter einer Haube ein oben offenes Abflussrohr, das, nach dem Prinzip kommunizierender Gefäße, die Flüssigkeit abfließen lässt. Unten ist das Becken geschlossen, das Öl selbst bleibt stets erhalten.

Sogar das dafür verwendete Öl war eine von Beetz selbst gemischte Mineralölkomposition, die er „Urinol" nannte.

Wahrhaft genial urinal!

Historisches Vier-Stein-Eck

Wien platzt vor Geschichte ja nur so aus allen Nähten. Auf Schritt und Tritt gibt es Zeugnisse einer glorreichen Vergangenheit: als Hauptstadt eines der größten Reiche Europas, als kurzzeitige Wirkungsstätte eines Napoleon oder auch als nicht ganz so rasend bedeutende größere mittelalterliche Stadt und Bischofsitz sowie als römische Provinzhauptstadt. Und sogar an einem – historisch betrachtet – eher unverdächtigen Ort wie der Leopoldau, hauptsächlich bekannt als Ende der Linie U1, finden sich in Ausgrabungen Reste von jungsteinzeitlichen Siedlungen, die das Gebiet als das älteste kontinuierlich besiedelte in den heutigen Grenzen von Wien ausweisen.

Insofern ist praktisch jedes Eck in Wien historisch. Eines davon hat aber nach der Meinung des Autors besonderen Charme, weil es so absolut unverdächtig ist, dass praktisch jeder an den hier präsenten Zeugnissen der verschiedenen Vergangenheiten Wiens vorbeigeht, ja, vorbeigehen muss. Gemeint ist die fünfstrahlige Kreuzung Marc-Aurel-Straße, Vorlaufstraße und Sterngasse im ersten Bezirk, knapp außerhalb von touristisch-historisch relevanteren Teilen wie dem Hohen Markt oder der Judengasse gelegen.

Hier die „Sehenswürdigkeiten" des Ortes in geschichtlicher Reihenfolge:

Am Fuße der Treppe vom oberen Teil der Sterngasse (Teil des originalen „Bermudadreiecks", bekannt auch durch die englische Buchhandlung Shakespeare &

Company) am unteren Teil der Gasse (ohne besondere Merkmale) stehen gegenüber der Einfahrt zu einer Parkgarage drei unverdächtig übereinandergestapelte, etwas verwitterte Quader, die man im Vorbeigehen leicht für eine aus den 50er-Jahren übriggebliebene moderne Skulptur halten könnte. Nur wenn man sich die Mühe macht, die Inschrift darunter zu lesen, erfährt man, dass es sich hierbei um „Römische Riesenquader" und die Reste des römischen Legionärsbades handelt – die hier, unweit der glamouröseren römischen Ruinen am Hohen Markt, einfach nur so herumstehen. Bemüht man übrigens historische Karten, erfährt man, dass ebendiese Kreuzung einst noch innerhalb, aber schon ziemlich am Rande des Römerlagers gelegen ist.

Passend zu den Quadern verläuft an ihnen die Marc-Aurel-Straße vorbei, die nicht nur die Stadtzeitung „Falter" beheimatet sowie einst auch die Zeitschriften „profil" und „trend", sondern schon per Namen auf den berühmten römischen Kaiser-Philosophen-Dichter hinweist, der getrost als echter Wiener gelten kann, denn schließlich ist er hier gestorben.

Ihm zu Gedenken befindet sich an dieser Stelle außerdem ein überlebensgroßes Standbild. Allerdings muss man es suchen. Es steht nämlich im zweiten Stockwerk des Hauses Marc-Aurel-Straße 6 (Marc-Aurel-Hof) an der Spitze des dreieckigen Häuserblocks Marc-Aurel-Straße–Vorlaufstraße–Salzgries.

Apropos Vorlaufstraße: Die heißt nicht etwa so, weil sie ein ganz kurzes Verbindungsstück zwischen Salztorgasse und eben Marc-Aurel-Straße darstellt, also irgendwie „vorläuft", sondern ist nach einem mittelalterlichen Bürgermeister von Wien namens Konrad Vorlauf benannt. Der lebte von (vermutlich etwas vor) 1385 bis 1408 und war von 1403 bis 1404 und von 1406 bis 1408 in diesem Amt tätig. Am 11. Juli 1408 wurde er übrigens auf dem Schweinemarkt (heute: Lobkowitzplatz) hingerichtet (als politische Spätfolge eines Konflikts zwischen Herzog Ernst dem Eisernen gegen dessen Bruder Leopold IV.)

Wie auch immer. Treppauf – das nächste Fundstück. Ziemlich unauffällig befindet sich nämlich neben dem Eingang zum Haus Sterngasse 3 ein, einem größeren Pflasterstein nicht unähnlicher, grob behauener Stein, eine sogenannte Türkenkugel, von Metall umfasst und über kopfhoch in einer Nische eingelassen. Der darunter befindliche Text in altertümlichem Deutsch bedeutet:

„Am 20. Juli 1683 wurde dieser Stein aus einem Mörser von den Türken aus der Leopoldstadt in die Stadt geschossen, er wiegt 79 Pfund."

Neben den Quadern haben wir hier also das vierte historische Steinderl des Ecks.

Abschließend kann man noch anmerken, dass sich diese Ecke am gefühlten Rand des ehemaligen sogenannten „Textilviertels" befindet. Es reicht grob vom Ringturm bis zur Rotenturmstraße und entspricht somit frappant den Grenzen des alten Römerlagers. Heute erinnert es noch rudimentär an verschiedene Geschäfte als das Viertel der Textilhändler en gros und en detail wie das ebenfalls schon fast altertümliche Kurzwarengeschäft Klos, das an einer anderen Ecke dieses fünfstrahligen Straßensterns steht.

Nur zur Komplettierung: Die Sterngasse heißt nicht etwa so, weil die Straßen hier sternförmig zusammenlaufen, sondern sie ist nach einem Hausschild benannt: „Zum weißen Stern".

Diese Ecke, genauer noch die an ihr vorbeiführende Marc-Aurel-Straße, kam übrigens auch schon zu filmischen Ehren: Ruth Beckermanns Dokumentarfilm „Homemad(e)" spielt hier.

Der Römische Riesenquader im ersten Bezirk.

Hoch hinaus

Wien, und hier besonders die Innenstadt, wurde im Gegensatz zu anderen Großstädten in Deutschland und auch in England in den Jahren nach dem Zweiten Weltkrieg trotz massiver Bombenschäden mehrheitlich im Stil und in der Art des ehemaligen Bestands wieder aufgebaut. Wenn nicht immer mit Stein oder alten Fassaden, so doch zumindest in der Dimension und vor allem in der Höhe der zuvor dort befindlichen Gebäude. Dieser Ensembleschutz, wenn auch von einer eher konservatorischen wie konservativen Grundhaltung getragen, macht sich heute mit klingender Touristenmünze bezahlt. Es sieht im Gegensatz zu anderen Städten, in denen in jede verfügbare Lücke moderne Gebäude verschiedenster Stile und/oder Wolkenkratzer geknallt wurden, einfach gut aus.

Dabei ist auch die Wiener Innenstadt nicht gänzlich ohne Hochhäuser. Zumindest drei gibt es, nur sind die eher geheim und gut versteckt bzw. als Randobjekt geduldet.

Das älteste davon ist zugleich das niedrigste, sieht aber durch seine glatte schmucklose Fassade schon recht hochhausartig aus. Es wurde 1825 errichtet, und Adalbert Stifter, der es in den Jahren von 1842 bis 1848 bewohnte, beobachtete am 8. Juli 1842 von dessen Dach aus die totale Sonnenfinsternis, die er auch literarisch verarbeitete. Die Rede ist vom sogenannten „Kornhäuslturm", benannt nach seinem Erbauer, dem Architekten Josef Kornhäusel (1782–1860), von dem viele andere Bauwerke der Innenstadt, u. a. auch der Schottenhof, sowie viele Gebäude in Baden bei Wien stammen. Das turmartige Gebäude steht an der Ecke Fleischmarkt und Judengasse und diente Kornhäusl als Atelier und Wohnung. Neben seiner Form und Höhe weist es noch eine Besonderheit auf: Das Haus hatte früher keinen Eingang auf Straßenniveau, sondern nur einen im ersten Stock, der ausschließlich durch eine eiserne Stiege zu betreten war, die man – rapunzelartig – hinaufziehen konnte. Diese sinnreiche Vorrichtung ließ sich Kornhäusl, glaubt man diversen Quellen, einfallen, um einfach seine Ruhe zu haben. Andere behaupten, die Stiege sollte ihn vor den Nachstellungen seiner eifersüchtige Gattin schützen.

Das zweite innerstädtische Hochhaus stammt aus der Zwischenkriegszeit, ist immerhin 50 Meter hoch, hat die Adresse Herrengasse 6–8 (direkt neben dem U3-Ausgang) und – ist weitgehend unsichtbar. Eine geradezu typische Wiener Lösung für ein städtebauliches bzw. ästhetisches Problem. Dieses Unsichtbarmachen des 1932 errichteten Gebäudes funktioniert durch die pyramidenartig zulaufenden oberen Stockwerke, die von der Straße aus gesehen Richtung Hof nach innen versetzt sind. Und durch die Enge der umgebenden Gassen. Wenn man sich auf die gegenüberliegende Straßenseite der Herrengasse begibt und nach oben schaut, kann man das Gebäude zwar sehen, aber nicht erfassen. Außerhalb des ersten Bezirks, ganz genau außerhalb des Rings, etwa vom unteren Ende der Burggasse aus, kann man das Hochhaus durchaus schön, weil über das allgemeine Dächerniveau hinausragend, hinter der Hofburg erkennen. Im ersten Bezirk selbst ist es aber nur von zwei Plätzen aus als Hochhaus erkennbar: von der Verlängerung der Herrengasse in Richtung Uni, also von der Schottengasse aus, und von einem sehr begrenzten Fleck vor der Kirche Am Hof, in Blickrichtung Naglergasse – besonders im Glanz der Abendsonne, die hier die obersten Stockwerke beleuchtet, während die tieferen umgebenden Gebäude schon in Schatten getaucht sind.

Pläne, das Gebäude, übrigens im Wesentlichen ein Wohnhaus, noch höher zu errichten, scheiterten, weshalb es von damaligen Zeitungen zum Teil auch scherzhaft als „Hochhäuserl" bezeichnet wurde. Mehr über die prominenten Bewohner (von Curd Jürgens bis Paula Wessely), die wechselvolle Geschichte des 16-stöckigen Hauses und des früher darauf thronenden Tanzcafés findet sich in einem ihm gewidmeten anderen Buch des Metroverlags, „Haus Hoch" von Iris Meder und Judith Eiblmayr.

Noch was: In unmittelbarer Nähe von dem Platz Am Hof, von dem aus man das Hochhaus Herrengasse sehen kann, stand einst ein dreiarmiger Laternenpfahl, der es zu einer gewissen historischen Berühmtheit gebracht hat. An ihm wurde nämlich im Zuge der Revolution am 6. Oktober 1848 die Leiche des Kriegsministers Latour angebracht, die dann dort sieben Stunden lang hängen blieb. Um den Kandelaber nicht zur Pilgerstätte revolutionärer Bürger zu machen, wurde der Laternenpfahl bald darauf beseitigt. Was in einer

Randnotiz aus dem „Laternenanzünder-Postenbuch der englischen Gasgesellschaft" folgendermaßen und etwas respektlos-zynisch beschrieben wurde: „Der vor dem Hofkriegsräthlichen Gebäude aufgestellt gewesene Candelaber wurde wegen der am 6. Oktober 1848 am Grafen Baillet de Latour, k. k. Feldzeugmeister und Kriegsminister, verübten schändlichen That am 1. November 1848 vom k. k. Militär vernichtet."

Das dritte Hochhaus des ersten Bezirks und wohl das einzige, das diesen Namen wirklich verdient, ist natürlich der erst in der Nachkriegszeit errichtete Ringturm. Als letztes Eck des ersten Bezirks stört er städtebaulich offenbar niemanden. Denn immerhin ist der von 1953 bis 1955 errichtete Turm 93 Meter hoch und damit nach dem Stephansdom das zweithöchste Gebäude der Innenstadt.

Das für unsere Zwecke Interessanteste an ihm ist aber die auf dem Dach montierte 20 Meter hohe Lichtersäule, die seit nunmehr über 50 Jahren jeden Abend über einen fast geheimen Blink-Code – ausgerechnet – das Wetter vorhersagt.

Der Code kann im Gebäude selbst abgelesen werden sowie am Bahnsteig der nahen U4-Station. 17 Leuchten in drei Farben, die direkt mit der Zentralanstalt für Meteorologie und Geodynamik auf der Hohen Warte verbunden sind, morsen insgesamt sechs verschiedene Wettervorhersagen. Was zu Zeiten des Internets via Handy vielleicht etwas antiquiert wirken mag, aber vielleicht gerade eben deshalb auch seinen Reiz hat. Die Voraussagen im einzelnen sind: aufsteigend rot: Temperatur steigend; absteigend rot: Temperatur fallend; aufsteigend grün: Wetterlage wird besser; absteigend grün: Wetterlage wird schlechter; blinkend rot: Gewitter- oder Sturmwarnung; blinkend weiß: Schnee oder Glatteis.

Zur Zeit der Fertigstellung gab es auch eine Ausschreibung über die Benennung des Gebäudes. Neben dem Siegernamen „Ringturm" gab es u. a. auch noch Vorschläge wie: Weitblick-Haus, Haus der Gegenseitigkeit, City-Haus, Gutwill-Haus, Hoch-Eck, Sonnblick-Haus oder Versicherungs-Hochhaus (nach der damals wie heute dort residierenden Versicherungsgesellschaft.)

Apropos Höhe: Die Wiener Innenstadt unterscheidet sich ja vom größenmäßig vergleichbaren München vor allem dadurch, dass die Straßen etwas enger und die Häuser etwas höher sind. Dennoch wohnt de facto in den sogenannten Altbauten nie jemand in einem höheren (höher nummerierten) Stock als dem dritten, selten dem vierten. Das basiert auf einem alten Trick. Da Häuser in Zonen wie der Innenstadt eben nicht höher als drei bis vier Stöcke sein durften, griff man zu diversen kreativen Umbenennungsmaßnahmen. So folgt in vielen Häusern auf das Parterre, also das Erdgeschoß, zuerst das „Hochparterre", dann das „Mezzanin", und dann kommt erst der erste Stock. Da es nach dem vierten Stock manchmal auch noch ein „Dachgeschoß" gibt und gelegentlich auch das Tiefparterre bewohnt wurde, könnte man daher im Extremfall ein „vierstöckiges" Haus mit neun bewohnten Geschoßen finden.

Industrieller Abkürzer

Vermutlich eine der geringeren Sehenswürdigkeiten Wiens, aber ein nettes Detail und für manche vielleicht sogar von praktischem Nutzen: der Gaswerksteg.

In der Nähe der U3-Station Erdberg gelegen führt eine Fußgängerbrücke quer über die Gleise des U-Bahn-Betriebsbahnhofes und weiter über die Ostautobahn und den Donaukanal direkt in den grünen Prater.

Die Verlängerung über den Bahnhof erfolgte erst 1988, die Brücke über den Kanal wurde aber schon 90 Jahre früher errichtet. An sich diente der Steg, wie man aus dem Namen schon erahnen kann, ab 1898 in erster Linie als Rohrbrücke zur Gasversorgung des zweiten Bezirks vom Gaswerk Simmering aus. Aber schon damals plante man die zusätzliche Nutzung als Fußgängerbrücke mit ein. Obwohl die Platten, die ihn dann auch nutzbar machten erst um 1910 eingebaut wurden.

1945 wurde der Steg von der Wehrmacht gesprengt, später aber wieder aufgebaut und 1963 endgültig auch offiziell Gaswerksteg benannt.

Das Besondere an diesem Steg ist die Möglichkeit, von seiner Verlängerung aus das Geschehen in einem Betriebsbahnhof sozusagen von der ersten Reihe aus zu beobachten. Eine rare Gelegenheit für Fans von Bahnen bzw. U-Bahnen, die aber auch Kinder und so manchen marginal interessierten Passanten faszinieren dürfte.

Der andere – praktischere – Nutzen ist natürlich die Möglichkeit der Querung eines sonst unüberwindlichen

Das neue Gasometer von innen.

Hindernisses. So können etwa die heutigen Bewohner der ehemaligen „Gasometer" zu Fuß oder mit dem Rad recht schnell das Naherholungsgebiet Prater oder die beiden Donaukanalufer erreichen. Was sonst nur mit einem gehörigen Umweg möglich wäre.

Und seit einem großen Umbau im Jahr 2002 auch mittels einer bequemen, breiten schneckenförmigen und somit nun ebenfalls rollstuhltauglichen Rampe.

Auch für andere Spazierende bietet der Steg mit unmittelbarer Anbindung an die U3 einen kurzen Weg zum Prater (Höhe Lusthaus und Freudenau).

Schönbrunner Feng-Shui

Um die Gründung, den Ausbau und die prominenten adligen Bewohner von Schloss Schönbrunn ranken sich natürlich seit Anbeginn zahllose Gerüchte und Anekdoten. Bis hin zu Napoleons Interesse an der Menagerie und dem im Schloss umherwandelnden Geist der Gräfin Auersperg, der dokumentierterweise zuletzt einer Hofdame von Kaiserin Zita erschienen ist.

Wer aber gerne nach besonders Absonderlichem und tendenziell Paranormalem in der alten Sommerresidenz der Habsburger sucht, ist vermutlich mit dem Grundplan am besten bedient. Gerade hier offenbaren sich dem Kundigen viele Mysterien und Geheimnisse. Oder aber zumindest ein Einblick in abergläubische Vorstellungen seiner Er- und Ausbauer.

Heute kennt das der moderne Kosmopolit als Feng-Shui (dazu später noch einmal), was sich zwar bei uns meist darin erschöpft, eine Grünpflanze ins „Geldeck" zu stellen und darauf zu achten, möglichst nicht mit dem Rücken zur Eingangstür zu sitzen. In China aber wurden und werden sogar moderne Hochhäuser danach geplant. Manchmal auch in böser Absicht: In Hong Kong gibt es etwa ein Hochhaus, das mit einer spitz zulaufenden Seitenkante auf ein Nachbargebäude eines Konkurrenten weist, um so dessen „Energie" zu stören.

Diverse astrologische oder geomantische Aspekte wurden aber auch in Europa beim Bau vor allem wichtiger Gebäude, wie Schlösser und Burgen von Herrschenden, immer schon berücksichtigt. Und auch am

Land ließen und lassen sich Menschen gerne ideale Bebauungen etwa wegen möglicher Wasseradern auspendeln. Kein Wunder also, dass auch in den Grundplan eines so eminent wichtigen Gebäudes und Geländes wie Schloss und Garten Schönbrunn alle möglichen Formen von Mystik eingebaut wurden.

Besonders hervorgetan hat sich in diesen Dingen Franz I. Stephan von Lothringen. Der Gemahl von Maria-Theresia und nominell der eigentliche Kaiser, der aber durchaus damit zufrieden war, seiner Gattin das Regieren zu überlassen, um sich stattdessen der Naturforschung, Alchemie und Zahlenmystik zu widmen. Für ihn kein Widerspruch, sondern im Gegenteil eine philosophische Synthese allen Seins.

Besonders in der unter ihm und durch ihn 1752 errichteten Menagerie, der Kern des späteren Schönbrunner Tiergartens und damit der älteste Zoo der Welt, also genauer in der Anlage von deren Wegen und Gebäuden spielen Symbole der Freimaurer, der Kabbala und auch der Rosenkreuzer eine große Rolle. Denn Franz war Hermetiker, Alchemist, als erster Fürst des europäischen Kontinents seit 1731 Mitglied der Freimaurer und später eben auch Rosenkreuzer.

Diese Dinge – wie versteckte Kraftplätze, Energielinien und Wasseradern – erfreuen sich mittlerweile einer gewissen Beliebtheit und wurden bereits in zahlreichen Büchern thematisiert. Und, um nochmals auf Feng-Shui zurückzukommen: Auch das dürfte bei der Planung eine Rolle gespielt haben, denn schon damals gab es Kontakte bis nach China zu Feng-Shui-Experten!

Um das mit der Zahlenmystik etwas zu verdeutlichen: Ein besonders ausgefuchstes und teilweise auch für mystisch Halbgebildete nachvollziehbares Beispiel, nämlich der Frühstückspavillon, der in sich und seiner Umgebung den Kreis, das Dreieck und die Zahlen 4, 8, 9 und 12 vereint:

Der Frühstückspavillon im Schönbrunner Schlosspark.

* Der Pavillon ist ein Punkt in dem ihn umrundenden Kreis, ein Zeichen der Rosenkreuzer für Kaisermacht und Schöpfung – auch das übliche astronomische Zeichen für die Sonne, eben ein Kreis mit Mittelpunkt, beruht darauf.
* Er wird von 12 „Logen" für die Tiere, analog zu den 12 astrologischen Tierkreiszeichen umgeben.
* Der Pavillon ist, wie auch die meisten Taufbecken dieser Zeit, 8-eckig. Die Zahl 8 symbolisiert dabei den ewigen Kreislauf, aber auch Glück, Macht und Weihe.
* Der Sockel, auf dem der Pavillon steht, ist quadratisch und steht für die 4 Elemente und den 4 platonischen Tugenden Weisheit, Tapferkeit, Besonnenheit und Gerechtigkeit, die an dessen Türen als Köpfe dargestellt werden.
* Die Treppen zum Pavillon haben 9 Stufen, wobei die Zahl 9 in der Kabbala für Klugheit und Vollendung steht.
* Die Zahl 3 als Symbol der Verbindung von Körper, Geist und Seele findet man in den 3 Alleen, die zum Pavillon führen und ein gleichschenkeliges Dreieck bilden, an dessen Spitze steht der Pavillon.
* Und in dessen Deckengemälde findet man nicht nur Mensch und Tier als alchemistisches Symbol vereint, dass alles aus einem Stoff besteht, sondern auch eine Darstellung des „Steins der Weisen".

Mystisch und geheimnisvoll ... Vielleicht hat auch deshalb das aus dem ORF-Kinderfernsehen bekannte Super-Fahrrad Tom Turbo (eine Art K.I.T.T. wie aus „Knight

Rider", nur mit Pedalen) hier sein geheimes Geheim- und Hauptquartier? (Gleich neben den Landschildkröten, wenn jemand die Eingangstür bestaunen will.)

Zurück zum alten Franz. Also, diese Winkel, Linien, Baumringe und Verbindungen, wie eben die vom Frühstückspavillon ausgehenden, soll Franz Stephan nicht aus lauter Jux und Tollerei eingebaut haben, sondern mit dem Zweck das Haus Habsburg mit mystischen Kräften aufzuladen und zu stärken. Deswegen bringen manche auch den Nieder- bzw. schließlich Untergang der Habsburger mit einigen Umbauten des Zoos im Jahre 1885 in Verbindung, bei dem der zuständige Planer aus Unwissen einige der kaiserlichen Kreise gestört bzw. zerstört haben soll. Der Rest ist, wie man so schön sagt, Geschichte.

Übrigens: Die nahe Verbindung zwischen Wissenschaft und esoterischen Disziplinen findet sich immer wieder in der Habsburger Monarchie. Nicht nur bei anderen ebenfalls mystisch veranlagten Kaiserinnen oder Kaisern, sondern sogar bis in die Armee des 19. Jahrhunderts. So wurde der Verlauf der berühmten, auch Wien durchziehenden, Thermenlinie, auf der Schwefel- und Thermalquellen wie auch die Quelle der Therme in Oberlaa liegen, durch einen militärischen Wünschelrutengänger entdeckt. Der k.-u.-k.-Oberst Peichl erstellte nur per Rute die bis heute gültige Karte und wurde dafür auch mehrfach geehrt. Und an seinem Uniformkragen, wo andere ein Zeichen etwa für Kavallerie oder Artillerie trugen, prangte bei ihm ... eine vergoldete Wünschelrute.

Die Neidhart-Fresken

Wer weiß, was profane Malerei ist und schon mal von Neidhart von Reuental gehört hat, kann dieses Kapitel getrost überspringen. Alle anderen erfahren hier etwas über ein besonders kurioses Wiener „Museum", dessen Highlights zu einem guten Teil zwischen den Stockwerken liegen.

Ein „Mitnahme-Tipp": Sie liegen sehr zentral und ihr Besuch beansprucht, wenn man keine Studien betreiben will, gerade mal zehn bis 15 Minuten. Das heißt: Bei jeder Stadtbesichtigung kann man sie vor oder nach dem Hohen-Markt-Doppelpack (Anker-Uhr–Römische Ruinen) bequem einschieben oder bei einem Innenstadtbummel einfach nebenbei „erledigen". Dienstag bis Sonntag und Feiertag ist die Schau von 14 bis 18 Uhr geöffnet, der Eintritt kostet zwei Euro und ist am Sonntag sogar gratis.

Das Museum liegt gleich um die Ecke vom Hohen Markt in der Tuchlauben und zwar in einem unverdächtig scheinenden Haus, das aber an der Betafelung als Dependance des „Wien Museums" zu erkennen ist, wenn man darauf achtet.

Was ist nun zu sehen? In erster Linie Wiens älteste sogenannte „profane Fresken", zu Deutsch „nichtkirchliche Wandmalereien". Vermutlich haben sich schon die Römer auch in Wien erbauliche Bilder an die Wand gepinselt. Und auch zwischen der Römerzeit und dem Mittelalter wird das so mancher Hausherr getan haben. Aber die Wandbilder in der Tuchlauben sind eben die ältesten bekannten und erhaltenen und wurden 1398 in einem damals in dem Haus befindlichen Festsaal im Auftrag eines wohlhabenden Wiener Händlers namens Michel Menschein angebracht.

Die spannenden und kuriosen Details, abgesehen vom Inhalt (dazu gleich) daran sind vor allem zweierlei: Zum einen sind sie geradezu ein relativ neuer Fund, die Bilder wurden erst 1979 (!) wiederentdeckt, also fast 600 Jahre nachdem sie gemalt worden waren. Und zwar bei Umbauarbeiten unter der Putzschicht. Seit 1982 sind sie öffentlich zugänglich. Zum anderen befinden sich die Bilder „zwischen" den Stockwerken. Das hat damit zu tun, dass das heute dort stehende, im 18. Jahrhundert komplett umgebaute, Haus mit dem ursprünglichen gotischen offenbar nur einige Wände gemein hat. Mit dem Effekt, dass die Stockwerke seit dem 18. Jahrhundert ganz woanders sind als zuvor. Deswegen kann man die Fresken auch nur zum Teil in einem Raum auf heutiger Bodenhöhe sehen. Zum Teil ver-

Neidhart von Reuental.

schwinden sie im Boden oder befinden sich an den Wänden des Stiegenhauses. Ein Teil des oberen Randes wurde durch ein neues Stockwerk sogar abgeschnitten und ist heute verloren. Ein kluger Museumsumbau, der Teile des Bodens in Wandnähe weggeschnitten und teilweise durch Glas ersetzt hat, ermöglicht aber das stockwerkübergreifende Betrachten der meisten Bilder.

Um den dargestellten Inhalt zu verstehen, muss man wissen, wer Neidhart von Reuental war. Es handelt sich bei ihm um einen Minnesänger, der um 1180 geboren wurde, 1240 starb und vermutlich bei St. Stephan beigesetzt wurde. Er galt auch als Spötter und schrieb sozialsatirische Texte gegen das aufstrebende Bauerntum, was ihm auch den Ruf eines „Bauernfeinds" einbrachte. Um seine Fehden und Streiche mit, von und gegen diverse Bauern ranken sich alle möglichen Sagen und Anekdoten.

Im Haus in der Tuchlauben sind nun viele Bilder aus Leben und Werk des damals sehr populären Neidhart ausgestellt sowie ein Frühlingsfest und ein Reigen mit Festmahl und eine Schlittenpartie mit – vermutlicher – Schneeballschlacht, die zeigt, dass Wohlhabende und Adlige es schon damals verstanden, sich auch im Winter zu vergnügen.

Leicht pikant die Darstellung der – literaturwissenschaftlich bedeutsamen – Geschichte des sogenannten „Spiegelraubs", in der ein „Dörper" (ein „Dörflicher") einem Ritter (Neidhart) die Angebetete wegschnappt, die hier eindeutig körperlich interpretiert wird. (Bevor die Erwartungen zu hoch werden: Es ist ein Griff unter den Rock der liegenden, bekleideten Frau.)

Und auch die berühmte Veilchengeschichte wird dargestellt, die u. a. in der Wiener Sage „Das Veilchenfest" verewigt wurde, aber auch von Hans Sachs aufgeschrieben und als „Neidhartspiel" oder „Veilchenschwank" sogar das älteste nachweisbare weltliche Drama im deutschen Sprachraum ist. im Wesentlichen handelt es sich um einen etwas aufgebauschten mittelalterlichen Witz.

Hier die Kurzfassung: Wer das erste Veilchen des Jahres findet, so heißt es, wird vom Herzog belohnt. Der zieht mit seinen Hofleuten aus, um es zu bewundern und das sogenannte „Frühlingsfest" einzuleiten. Eines Frühlings findet nun Neidhart das erste Veilchen und bedeckt es mit seinem Hut, damit es niemand anderer entdecken kann. Er berichtet dem Herzog (bei Hans Sachs der Herzogin) von seinem Fund. Der Hofstaat rückt aus, Neidhart lüpft den Hut – und findet darunter kein wohlriechendes Veilchen, sondern eher das Gegenteil, nämlich das Ergebnis eines menschlichen Stuhlgangs. Der Herzog ist brüskiert, der Sänger blamiert. In der Sage findet er die Übeltäter und das gepflückte Veilchen dann noch in Heiligenstadt und rächt sich bitter. Schöner ist wohl aber das eher anekdotische Ende, in dem Neidhart unter dem Hut auch noch einen Zettel findet, auf den der Übertäter einen frechen Reim geschrieben hat, in dem er Neidhart seine Tat gesteht und „sollt ihr wissen" auf seine körperliche Tätigkeit mit „ge-" beginnend reimt.

Orientalisch begraben

Dass die jüdische Bevölkerung Wiens noch vor hundert Jahren um das Vielfache größer war als heute, war natürlich in allen Lebensbereichen sichtbar. So auch im Tod.

Heute stellt sich hingegen die Frage nach ausreichend islamischen Begräbnisstätten, vor kurzem erst wurde mit dem Bau einer neuen in Wien-Liesing begonnen, damals waren jüdische Friedhöfe ganz normal und weiter über das Stadtgebiet – und angrenzende Gemeinden – verteilt, als man aus heutiger Sicht annehmen würde. Die „israelitische Abteilung" des Wiener Zentralfriedhofes ist der einzige dieser Friedhöfe, der heute noch eine gewisse Bekanntheit hat. Und es lohnt sich, den jüdischen Friedhof dort einmal aufzusuchen – vor allem den älteren, nach dem Krieg verwilderten und verwachsenen Teil, bei dem so mancher Grabstein schon mit einem wuchernden Strauß oder Baum eine Symbiose eingegangen ist: hier Tod, da Leben, hier Stein, da Grün. Und das soll, auch wenn es so klingen mag, jetzt kein Versuch eines jüdischen (Wort-)Witzes sein. Allerdings hat hier seit 1991 ein unabhängiger Verein namens „Shalom" umfangreiche Revitalisierungs- und Restaurierungsarbeiten durchgeführt und einen Großteil des ehemaligen Wildwuchses beseitigt. Interessant ist auch, dass der ältere Teil (Tor 1) und der neue Teil (Tor 4) den Anfang und das Ende des Zentralfriedhofs markieren.

Abgesehen von diesen gibt es noch einen jüdischen Friedhof in Floridsdorf und vor der Stadtgrenze weitere

u. a. in Groß Enzersdorf (gleich neben dem Donau-Oder-Kanal, siehe S. 41), Klosterneuburg, Korneuburg und Mödling.

Und noch zwei Weitere in Wien. Von mittlerer Bekanntheit dürfte der Jüdische Friedhof Roßau im neunten Bezirk sein, der auch nicht ohne makabre Kuriosität auskommt. Er wird auch Jüdischer Friedhof Seegasse genannt und ist nicht nur der älteste erhaltene jüdische Friedhof in Wien, sondern auch der älteste erhaltene Friedhof Wiens überhaupt. Denn jüdische Friedhöfe werden aufgrund der Religionsgesetze selten aufgelassen, umgesiedelt oder verbaut. Schon ab dem Jahr 1540 wurden hier jüdische Gemeindemitglieder beigesetzt.

Aber gerade diese Gegend ist besonders dicht verbaut und nur durch wenige Plätze oder Grünflächen unterbrochen, so wurde etwa der Friedhof nach und nach komplett eingeschlossen. Dazu kommen noch Verbauungs- und Schleifungspläne der Nazis von 1943. Diese wurden insofern unterlaufen, als es damals einigen wagemutigen Juden gelang, viele der Grabsteine zu entfernen und am Zentralfriedhof zu vergraben und zu verstecken. Anfang der 1980er-Jahre wurden diese wieder entdeckt und nach alten Bestandsplänen wieder aufgestellt und der Friedhof Seegasse 1984 neu eingeweiht. Etwa 300 der ursprünglich etwa 900 konnten auf diese Weise erhalten werden.

Jedenfalls stellt er komplett umbaut heute quasi den Innenhof des umgebenden Gebäudekomplexes dar und ist somit völlig von der äußeren Umgebung verborgen. Wer ihn dennoch besuchen möchte, denn er ist durchaus zugänglich, betritt Privatgelände. Und jetzt der makabre Clou: Das umgebende Gebäude ist ein Seniorenheim. Zwar ergibt sich die Nutzung nicht unlogisch durch ein zuvor dort befindliches jüdisches Siechenheim, aber was die heute dort wohnenden älteren Mitbürger beim täglichen Friedhofsblick so denken, kann man nur raten.

Noch weniger bekannt ist der Jüdische Friedhof in Währing, und das obwohl er mitten am Gürtel, neben der U-Bahnstation Nußdorfer Straße, an einer der belebtesten Kreuzungen liegt und mit 24.000 Quadratmetern ein gehöriges Stück mitten im dicht verbauten Gürtelgebiet einnimmt. Gut die Hälfte der Fläche des angrenzenden Währinger Parks (der früher übrigens ein christlicher Friedhof war). Werfen Sie mal einen Blick auf einen Stadtplan. Auf einem nicht mehr bestehenden Teil steht heute der „Arthur-Schnitzler-Hof"

Die weit verbreitete Unbekanntheit ist wohl auch der Tatsache geschuldet, dass er schon seit langem aus Gründen der Baufälligkeit für Besucher nicht durchgehend geöffnet ist. Und so verbergen sich hinter alten Mauern hier einige historische und architektonische Sensationen, die – nach Wissen des Autors – in keinem Reiseführer verzeichnet sind. Viele der Gräber sind sehr alt, der Friedhof ist der einzige erhaltene Biedermeierfriedhof Wiens, viele ausgesprochen prunkvolle Mausoleen und somit auch Zeugnisse eines wohlhabenden und bedeutenden jüdischen Bürgertums in Wien:

In den Stadtplänen wird der Währinger Friedhof schlicht als „ehemaliger israelitischer Friedhof" bezeichnet. Und kann nämlich mit einer weiteren Besonderheit aufwarten, der dieses Kapitel überhaupt erst inspiriert hat: osmanische Gräber.

Zur Begriffserklärung: Natürlich sind hier keine Türken beigesetzt, aber manche der jüdischen Gräber sind in einem orientalischen Stil errichtet. Das kommt nicht etwa von einer Begräbnismode der Zeit, sondern hat damit zu tun, dass in diesen Gräbern sephardische Juden bzw. ihre Nachkommen bestattet wurden. Unter sephardischen Juden versteht man jene, die nach ihrer Vertreibung aus Israel nicht über den Balkan sondern über Nordafrika nach Spanien gekommen sind. Natürlich über Generationen hinweg. In Wien stellten und stellen die sephardischen Juden die Minderheit dar, hier dominierten stets die askenasischen Juden aus dem (Süd-)Osten, früher in Wien auch „Polnische" genannt. (Dazu kommen heute auch immer mehr Israelis, aber das ist eine andere Geschichte.) Im 18. Jahrhundert gab es aber einige bedeutende sephardische Familien in Wien. Zu dieser Zeit war Juden die Niederlassung in Wien zwar wieder einmal verboten, für die Sephardim gab es aber eine Ausnahmeregelung, da sie als Staatsbürger des Osmanischen Reiches galten, das sich damals über weite Teile des Siedlungsgebiets sephardischer Juden erstreckte.

Für die Sephardim war es daher natürlich und eine Frage der Tradition, sich in osmanisch gestalteten Gräbern beisetzen zu lassen. Und damit schufen sie die einzigen authentischen, denn das orientalisch anmutende Arsenal kann man hier wohl nicht mit einrechnen, Bauwerke dieser Art in Wien. Die Grabstellen sind sowohl

Ein Grabstein im Jüdischen Friedhof Währing.

von der Architektur als auch von der Ornamentik her bedeutend und bemerkenswert. Die ebenfalls dort zu findenden „Grabhäuschen" sind sogar einzigartig in ganz Mitteleuropa. Obwohl es mittlerweile monatlich Führungen gibt, harren sie noch einer Entdeckung durch die breitere, auch touristische Öffentlichkeit. Weiters gibt es intensive Bemühungen, u. a. intensiv von Seiten der Wiener Grünen betrieben, und auch genaue Pläne zur Wiederinstandsetzung. Aber natürlich auch einen obligaten Streit um deren Finanzierung – in erster Linie zwischen Stadt und Bund.

Übrigens, apropos nichtchristliche Begräbnisstätten. Neben einer katholischen, protestantischen, israelitischen und islamischen „Abteilung", letztere besteht bereits seit den 1970er-Jahren, obwohl schon seit dem 19. Jahrhundert hier Muslime beigesetzt wurden, hat der Zentralfriedhof seit 2005 auch einen buddhistischen Bereich. Ganz stilecht weist er im Zentrum eine Stupa, eine Art buddhistisches Meditationsdenkmal, auf. Der Friedhof befindet sich in der Nähe des zweiten Tores bei der Dr.-Karl-Lueger-Kirche und ist einer der wenigen dieser Art weltweit, außerhalb der typischen buddhistischen Länder und Gebiete. Bevor der konkrete Bau beginnen konnte, wurde am 21. September 2003 noch eine Bodeneinsegnung durch einen tibetischen Meditationsmeister namens Lama Sönam Jorfel Rinpoche vorgenommen, der dabei ein Gebet für die Minderung menschlichen Leidens sprach und die „Herren der Erde", das heißt die lokalen Erdgeister, mit Opferkuchen befriedete.

Paulis Effekte

Über den Wiener Physiker und Nobelpreisträger Wolfgang Pauli könnte man vieles berichten. Wissenschaftliches wie über seine Forschungen in der Frühzeit der Quantenmechanik, seine Entdeckungen etwa des „Ausschließungsprinzips", seinen Nobelpreis. Über seine umstrittene Persönlichkeit, seinen überkritischen Geist, seine zahllosen Bonmots. Über seine berühmten Briefwechsel mit Physikern wie Bohr und Heisenberg oder auch mit Carl Gustav Jung. Oder über sein Leben als mathematisches Wunderkind jüdischer Abstammung, zwischen Wissenschaft, Krieg und Politik, der im Lauf der Zeit österreichischer, deutscher, amerikanischer und Schweizer Staatsbürger war.

Da es in diesem Buch aber um eher Unerwartetes und Ausgefallenes geht, wollen wir uns hier einem Aspekt von Wolfgang Paulis Leben widmen, der zwar mittlerweile nicht mehr gänzlich unbekannt, aber jedenfalls in diesem Rahmen sicher berichtenswert ist. Und hinter dem humoristisch-anekdotischen Aspekt der Sache verbirgt sich durchaus auch noch ein oft übersehener, ernsthafter Background.

Zuerst die Fakten. Wolfgang Pauli war theoretischer Physiker. Und das war gut so. Denn in seiner Gegenwart misslangen physikalische Experimente auffällig häufig, um nicht zu sagen: prinzipiell. Das soll nicht heißen, dass er als böses Omen durch seine Anwesenheit für negative Ergebnisse sorgsam ausgetüftelter Experimenten sorgte. Die Sache war viel „technischer": In seiner Gegenwart versagten Apparate, sie gingen kaputt oder verhielten sich völlig paradox. Dass dieser Effekt nicht nur esoterischen Ursachen zugrunde liegt, ist gut bekannt und dokumentiert. Die Kollegen von Pauli, durchgehend nicht zum Aberglauben tendierende Wissenschaftler, wussten um diesen Effekt und verlegten ihre Experimente deshalb in Zeiten, in denen Pauli nicht anwesend, ja am besten gar nicht im Haus war.

Ein anderer Kollege, der Physiker Otto Stern erteilte Pauli sogar explizit ein Labor-Betretungsverbot während er seine Experimente durchführte.

Diese Seltsamkeiten waren so bekannt, dass sie von den Kollegen sogar scherzhaft nach Paulis bekanntem „Ausschließungsprinzip" als das „zweite Paul'sche Ausschließungsprinzip" benannt wurden, das von ihnen so formuliert wurde: „Es ist unmöglich, dass sich Wolfgang Pauli und ein funktionierendes Gerät im gleichen Raum befinden."

Es gab sogar den „wissenschaftlichen" Versuch eines Kollegen, der die Tatsache, dass Geräte oder Schaltungen bei Anwesenheit Paulis kaputtgingen, einmal verkehrt herum abtesten wollte. Er baute ein Gerät mit einem Knopf. Der einzige Zweck des Knopfes war, eine Schaltung auszulösen, die das Gerät kaputtmachen würde. Er bat Pauli, den Knopf zu betätigen, der tat das und – das Gerät ging nicht kaputt!

Soweit zum Anekdotischen. Das dahinterliegende Ernsthafte, das damals von Paulis Kollegen übersehen oder absichtlich ignoriert wurde, ist aber die simple Tatsache, dass, wenn diese Dinge tatsächlich (statistisch relevant)

Der Physiker Wolfgang Pauli.

geschahen, es auch einen Grund dafür geben müsste. Und zwar einen wissenschaftlich fundierten, der wenn man ihn ernsthaft untersucht, vielleicht sogar neue, spannende Erkenntnisse über Wechselwirkungen physikalischer, geistiger, paranormaler Natur oder einer Kombination von all dem hervorbringen könnte.

Denn, dass es bislang noch unerklärbare Phänomene nicht nur im mikroskopischen Raum wie der Quantenphysik, sondern auch im makroskopischen Raum unseres Alltags gibt, wird kein ernsthafter Wissenschaftler bestreiten. Und gerade solche Kuriosa zu erforschen, kann da oft sehr lohnend sein. Denken wir nur an die Elektrizität, die lange Zeit vor ihrer Erforschung und anschließenden Nutzbarmachung etwa per Bernsteinkamm und „fliegenden" Haaren als reine Unterhaltung oder Jahrmarktsattraktion genutzt wurde.

Auch Pauli war sicher, die ihm zugeschriebene Wirkung auszuüben. Sie stellte auch eine der Grundlagen für seinen intensiven Briefwechsel mit Jung dar, der viel mit der physikalischen Wechselwirkung zwischen dem Inneren und dem Äußeren, konkret zwischen der Tiefenpsychologie und der Welt der Dinge, zu tun hatte. Ihm war sogar die Bezeichnung „Pauli-Effekt" bekannt, die er einmal in einem Brief an Jung – im Zusammenhang mit einer umgestürzten Blumenvase – erwähnte.

Dieser „Pauli-Effekt" wird mittlerweile sogar als eigenständiger Begriff für „makro-psychokinetische Effekte" verwendet und hat eigene Wikipedia-Einträge auf Deutsch, Englisch, Spanisch, Italienisch und Chinesisch.

„Into the nothing"

Kleine persönliche Einleitung:

Wenn ich in meiner Kindheit mit meinen Eltern an so manchem herbstlichen Sonntagabend im Auto von unserem Garten kommend – noch vor der Ära der Praterbrücke (die außer mir niemand mehr „Vierte Donaubrücke" nennt) – über die Reichsbrücke fuhr, faszinierte mich stets der Anblick des hell erleuchteten Stephansdoms, der – obwohl über einen Bezirk entfernt – zum Greifen nahe schien.

Das ist natürlich kein Zufall. Die nordöstliche Einfahrtsachse zur Innenstadt über die Donau wurde natürlich baulich so gelöst, dass der Weg einerseits sehr kurz war, direkt zum Zentrum führte und der generell sternförmigen Struktur der Wiener „Ausfallsstraßen" entsprach.

Konkret steht dem Blick auf der Achse Reichsbrücke–Lassallestraße–Praterstern–Praterstraße kein Gebäude im Weg. Erst oberhalb des Donaukanals träfe der Blick auf das Gebäude der Hauptpost, aber da der Stephansplatz wesentlich höher gelegen und der Stephansdom bekanntlich nicht gerade niedrig ist, sind Dach und Turm der Kirche bei Tag und Nacht gut zu erkennen. Wobei die natürliche Zoomfunktion des Auges (Fotografieren Sie einmal ohne technischen Zoom entfernte Dinge wie etwa den Mond, Sie werden staunen!) dabei auch noch zusätzlich hilft.

Wobei die Reichsbrücke ja im Übrigen nicht schon immer die Reichsbrücke war und eigentlich auch schon

Die Reichsbrücke.

mehrmals errichtet – und umbenannt – wurde. Erstmals eröffnet wurde die im Auftrag von Kaiser Franz Joseph I. gefertigte Donauquerung am 21. August 1876 und zwar als „Kronprinz-Rudolph-Brücke". Der Name wurde 1919 nach dem Ende der Monarchie auf „Reichsbrücke" geändert.

Zwischen 1934 und 1937 wurde sie gänzlich zur markanten „Kettenbrücke" umgebaut, jedoch nicht umbenannt. 1945 wurde sie zwar nicht umgebaut, aber wiederum umbenannt, und zwar in „Brücke der Roten Armee", dieser Name hielt sich bis 1956.

An diese Zeit erinnert auch noch eine Gedenktafel, die laut Staatsvertrag (!) am Geländer angebracht sein muss. Der Text darauf lautet: „Dem heldenhaften Gardelandungstrupp und den Matrosen der Sowjetunion in Dankbarkeit das befreite Wien".

Am 1. August 1976 dann der völlig überraschende Einsturz, der früh am Morgen, kurz vor 5 Uhr, geschah. Auf der sonst zu den meist befahrenen Straßen Wiens zählenden Brücke befanden sich zu diesem Zeitpunkt nur drei Autos und ein leerer städtischer Bus, von denen ein Auto und der Bus in die Donau stürzten. Der Einsturz forderte daher „nur" ein Menschenleben, das des Autolenkers. Und der Busfahrer rettete geistesgegenwärtig sogar die Kassa auf das Busdach.

Die Folgen, unterbrochene Straßenverbindungen, unterbrochene Leitungen, unterbrochener Donau-Schifffahrtsverkehr, hielten noch Monate an. Ein damals kursierender Witz lautete: „Warum ist die Reichsbrücke eingestürzt? Weil die Nieten im Wiener Rathaus sitzen."

Der folgende erzwungene Neubau hatte auch etwas Gutes: Die neue U-Bahn-Linie 1 konnte gleich in dem Bau mit untergebracht werden. Die (vorerst) letzte Eröffnung der neuen Reichsbrücke erfolgte schließlich im November 1980.

Apropos Donaubrücken. Ein weiteres Kuriosum ist die wenig genutzte, dafür aber überdimensional breite Autobahnbrücke namens „Brigittenauer Brücke". Das hat natürlich seinen Grund:

Der Bau der Brigittenauer Brücke wurde nach dem Einsturz der Reichsbrücke vorsorglich zur Minimierung weiterer zukünftiger Verkehrsprobleme erbaut und war als Teil eines größeren Konzeptes gedacht: Zusätzlich zur Süd-Ost-Tangente wurde nämlich eine weitere, die Stadt durchquerende Autobahn geplant. Der als A 20 projektierte Autobahnring sollte die Brigittenauer Brücke unterirdisch durch den 20. Bezirk bis zum Gürtel führen – der ebenfalls zur Autobahn ausgebaut hätte werden sollen. Auf der anderen Seite war darüber hinaus ein Anschluss an die damals geplante und heute im Bau befindliche Nordautobahn (A 5 zur tschechischen Grenze) vorgesehen.

Widerstände aus der Bevölkerung ließen diese Pläne platzen, und auch die A 5 wird heute vor Wien auf ganz andere Schnellverbindungen treffen.

Daher endet die *sechsspurige* Brigittenauer Brücke auf der einen Seite abrupt vor einem dicht bewohnten Häusermeer und versandet auf der anderen Seite zwischen Donauturm und Alter Donau.

Was der Kabarettist Josef Hader in einem seiner frühen Programme in der Rolle eines Fremdenführers mit schwerem heimischen Akzent wie folgt auf den Punk brachte: „And here you see the famous Brigittenauer Bridge – it leads ... from the nothing ... into the nothing!"

Rodeln im Prater

Wien ist eine Stadt in den Alpen. Das ist zwar nicht ganz wahr, aber fast. Denn immerhin ist der Wienerwald tatsächlich der nordöstliche Ausläufer der nördlichen Kalkalpen in Niederösterreich und Wien. Und wären da nicht noch ein paar lästige Hügel im Burgenland, die geografisch noch weiter in den Osten ragen, könnte man schöne Dinge sagen, wie Wien sei der Anfang der Alpen. Oder das Ende, je nachdem.

Jedenfalls gibt es auch in Wien Berge. Und zwar nicht nur welche, die einfach so heißen, wie der Bisamberg oder der Laaer Berg, sondern auch „Echte". Denn der höchste Gipfel innerhalb der Grenzen von Wien, der Hermannskogel, erreicht immerhin eine Höhe von 542 Metern. Das ist in anderen Ländern wie Luxemburg schon Hochgebirge. (Jetzt hab ich doch nachschauen müssen: Der höchste Berg Luxemburgs ist der Mont Saint-Nicolas mit einer Höhe von 470 Metern.)

Jedenfalls sind Wien und Wintersport auch über diverse Eislaufmöglichkeiten hinaus kein Gegensatz. So gibt es über 80 regelmäßig genutzte Rodelwiesen in Wien. (Dazu gleich noch mehr.) Etwas weniger bekannt ist, dass Wien auch über veritable Skilifte verfügt. Der bekannteste ist der an der Hohen-Wand-Wiese (14., Mauerbachstraße 174–184), immerhin 380 Meter lang, womit er sich locker mit diversen Plänen einer Skihalle, aktuell spricht man von Donaustadt am Ende der zukünftigen U1-Verlängerung, messen kann. Eine andere Skianlage wäre die auf der Dollwiese (13., Ghelengasse

44). Beide sind bequem mit öffentlichen Bussen zu erreichen. Es muss also nicht immer der Semmering sein, wenn man einen kurzen Skitag einschieben möchte.

Fast völlig unbekannt aber dürfte die Tatsache sein, dass auf der Hohen-Wand-Wiese am 21. Februar 1967 der erste Parallelslalom der Skigeschichte ausgetragen wurde! Es folgten weitere Bewerbe und sogar einmal ein Ski-Weltcup: Am 6. Jänner 1986 wurde dort ein Parallelslalom-Bewerb ausgetragen, an dem auch Skilegenden wie Marc Girardelli und Ingemar Stenmark teilgenommen haben. Da dieser Bewerb mit Flutlicht ausgetragen wurde, kann Wien auch die Ehre verbuchen, schon 1986 den ersten Flutlicht-Slalom veranstaltet zu haben, nicht – wie sonst meist berichtet – Sestriere im Jahr 1996.

Doch zurück zu den Rodelwiesen. Schräge Hanglage plus Schnee ist gleich Rodeln. Diese simple Rechnung gilt wohl für Kinder auf der ganzen Welt. Die Strecke kann gar nicht zu kurz sein. Im Zweifelsfall genügt der beschneite Sandhaufen einer Baustelle. Ein klein wenig höher, wenn auch nicht viel, ist die Rodelstrecke auf der Jesuitenwiese. An kalten Wintertagen stürzen sich hier kleine Bewohner des zweiten und dritten Bezirks mutig auf allem was rutscht – von der Superrodel bis zum Plastiksackerl – in die Tiefe. Unten gibt's in der Hauptsaison sogar einen Imbissstand mit heißem Tee und Gratis-Rodelmaterial und -Snacks für sozial benachteiligte Kinder.

Weil der Prater nun aber nicht gerade zu den schneesichersten Gebieten Wiens gehört, existiert auf der Jesuitenwiese neben einer Flutlichtanlage (!), kein

Schmäh, auch eine Beschneiungsanlage (!). Ist die Temperatur tief genug, wird künstlich beschneit. Und damit das Zeug auch hält, steht auf dem Berg unter einem Schutzgitter eine veritable Schneeraupe. Viel Aufwand für 50 Meter? Die Kinder der Gegend sind dafür ausgesprochen dankbar.

Rodeln auf der Jesuitenwiese im Prater.

Runde Republik

Salzburg hat die Mozartkugel, aber Wien hat – Kugelmugel. Und das kam so:

1971 errichtete der in Vorarlberg geborene Künstler Edwin Lipburger im niederösterreichischen Katzelsdorf seine Vision des Hauses der Zukunft, nämlich ein Haus in Form einer acht Meter durchmessenden Kugel, die einen Platzbedarf am Boden von nur einem Quadratmeter benötigt. Ohne Baugenehmigung, aber im Einvernehmen mit dem Grundstücksbesitzer. Außerdem stellte er Ortsschilder mit dem Namen Kugelmugel auf.

Die örtlichen Behörden fanden das nicht so lustig und reagierten mit Paragrafen wie Amtsanmaßung. Polizeieinsätze und gerichtliche Klagen wurden durchgeführt. Lipburger erhob darauf 1976 sein Kugelmugel zur Republik. Als die Sache endgültig eskalierte, Lipburger landete kurzzeitig sogar im Gefängnis, und sein Bau sollte abgerissen werden, schaltete sich in letzter Sekunde Wiens damaliger Kulturstadtrat Helmut Zilk ein und erklärte sich bereit, die „Republik Kugelmugel" innerhalb von Wien aufzunehmen. Wörtlich meint er in etwa, man werde schon ein „Platzerl" finden.

Lipburger stimmte zu und erhielt 1982 ein rundes Grundstück im Umfang seines Hauses plus ein paar Meter im Wiener Prater zugewiesen, insgesamt 64 Quadratmeter. Gleich an der Hauptallee in der Nähe des Minigolfplatzes neben dem Riesenrad.

Die Republik Kugelmugel erhielt einen Stacheldrahtzaun gleicher Bauart wie der, der damals noch

Teile der Republik umgab. Außerdem montierte Lipburger auch eine eigene Straßentafel mit der Adresse „Antifaschismusplatz 1".

Die Öffnungszeiten der Republik, im Wesentlichen die Anwesenheitszeiten ihres Präsidenten Lipburger, zwecks Besichtigung waren außen an der Staatsgrenze angebracht. Lipburger stellte auch Pässe der Republik Kugelmugel aus, weltweit gibt es über 600 Kugelmugelianer, und es gab zumindest zeitweise eine Botschaft der Republik in der Wiener Innenstadt.

Lipburger nahm auch Briefe mit Briefmarken der Republik Kugelmugel entgegen, für die deren Verfasser aber etwas Geduld aufbringen musste, da er sie nur einmal pro Jahr per Rad aber dafür in ganz Österreich auslieferte.

Da die ursprünglich zugesagten Strom- und Wasseranschlüsse nicht erfolgten (und an dieser Stelle offenbar gar nicht erfolgen dürften) tobt seit damals ein noch nicht beigelegter Behördenstreit zwischen der Republik Kugelmugel, vertreten durch ihren „Generalvolksanwalt" Mag. Edwin Lipburger und der Gemeinde Wien.

2006 wurde Lipburger, der sich irgendwo zwischendurch in Lipburger-Kugelmugel umbenannte, durch „Nichtwahl" in seinem Amt als Präsident bestätigt.

Ob Kugelmugel zusammen mit Österreich der EU beigetreten ist und andere politisch-territoriale Fragen, sind immer noch offen, besichtigen und die Geschichte des Hauses und Staates an der Staatsgrenze lesen, kann man aber noch immer jederzeit bei einem kleinen Praterspaziergang.

Helmut Zilk war übrigens immer wieder für unkonventionelle Aktionen dieser Art zu haben. Als etwa zwei Schüler am Karlsplatz einen Hydranten bemalten und deswegen bestraft werden sollten, ließ er das Urteil umwandeln, das nun darin bestand, dass die beiden sämtliche Hydranten am Karlsplatz bemalen mussten. Die Resultate waren noch Jahre später zu sehen.

Übrigens, nur weil geografisch nahe zur Republik Kugelmugel, noch eine Ergänzung zum Thema „art imitates life": Früher befand sich direkt unter dem Riesenrad, abgesehen vom Eingang zu dessen Benutzung … nichts. Dann kamen die Dreharbeiten zum James-Bond-Film „Living Daylights" für das die Filmemacher zwecks spektakulärer Kamerawinkel ein Café direkt unter den drehenden Waggons erfanden und als Kulisse errichteten. Einige Zeit später entstand an derselben Stelle tatsächlich ein Café mit einem Shop, wohl um Touristen, die jene Stelle aufsuchten, die Möglichkeit zu geben, dort zu sitzen, wo Bond im Film saß. Mittlerweile ist der ganze Bereich um ein kleines historisches Museum rund um das Riesenrad ergänzt worden.

Der schöne Brunnen und die falschen Römer

Über die teilweise mystischen Hintergründe insbesondere der Anlage des Tiergartens Schönbrunn wird in diesem Buch an einer anderen Stelle berichtet (siehe S. 71). Aber es gibt auch noch andere Aspekte des Schlosses und insbesondere des Schlossgartens, die einer näheren Betrachtung würdig sind.

Etwa die auffälligen, aber von vielen Besuchern nur wenig beachteten Römischen Ruinen im Schlosspark. Schließlich weiß jeder, dass Wien von den Römern gegründet wurde (wenn es auch schon ältere Siedlungen gab); man kennt die unterirdischen römischen Ruinen beim Hohen Markt (die erst 1848 bei Kanalbauarbeiten entdeckt wurden) und die um 1990 gefundenen, an der Oberfläche sichtbaren Reste am Michaelerplatz; manche wissen auch von den Römerresten Am Hof im Keller der heutigen Feuerwehrzentrale. Warum also keine Ruinen in Schönbrunn? Nun, einerseits, weil hier nie Römer waren. Und andererseits wären diese Überreste, wären sie echt, aufgrund ihrer Dimension, die durchaus an die Größe von Funden in Rom erinnert, wesentlich bekannter und wohl ein Fixpunkt jedes Wien-Besuchers.

Tatsächlich entspringen sie einer gartenarchitektonischen Mode und wurden erst im Jahr 1778 künstlich errichtet. Das mit dem Gartenbau ist ja so eine Sache, streng geometrisch wie in Versaille, künstlich natürlich wie die englischen Gärten, aus Steinen bestehend wie die japanischen ... Moden und Vorlieben wechselten im Laufe der Zeit und durch internationale Einflüsse immer wieder. (Übrigens zwischen Zoo-Eingang und Palmenhaus befindet sich tatsächlich ein kleiner japanischer Steingarten. Nur einer von mehreren, die es mittlerweile in Wien gibt.)

Künstliche Ruinen waren gartenbaulich ab Mitte des 18. Jahrhunderts im Zuge der Strömung der Romantik sehr beliebt. Beim Bau hieß die Ruine in Schönbrunn übrigens noch „Ruine von Karthago" und sollte mittels mächtiger Sturzflut den Untergang der nordafrikanischen Stadt darstellen. Vielleicht als Symbol des Sieges von Rom, dem sich die Habsburger als Kaiser des Heiligen Römischen Reiches ja besonders nahe fühlten. Dazu kam es aber aus baulichen Gründen nicht, und ab 1800 wurden die Steine umgedeutet und als „römisch" statt karthagisch bezeichnet.

Jedenfalls finden wir in den seit der Restaurierung auch wieder in den Originalfarben bemalten Ruinen einen kämpfenden Herkules und im Bassin eine Figurengruppe, die allegorisch zwei Flüsse darstellen soll. Allerdings nicht, wie man annehmen könnte, den römischen Tiber, sondern vielmehr die ... äh, Moldau und die Elbe. (Nach anderen Quellen Donau und Enns, was aber auch nicht viel mehr Sinn ergibt.)

Der Schlosspark hat übrigens noch eine ganze Reihe weiterer Attraktionen zu bieten – wie den 1999 nach historischem Vorbild restaurierten und am 9. September wiedereröffneten Irrgarten. Ursprünglich wurde er

1720 errichtet, 1892 aber wieder aufgelöst. Weniger historisch daran: Neben einer Aussichtsplattform in der Mitte befinden sich heute dort auch zwei von Feng-Shui-Meistern „aktivierte" Kraftsteine, eigentlich „Harmoniesteine", die dem Besucher, wenn er sie berührt, Energie und Harmonie spenden sollen.

Ebenfalls als spendend, allerdings als lebensspendend, gelten ja Quellen und Brunnen. Und davon gibt es im Park von Schönbrunn einige. Heute wenigen Besuchern und Wienern bekannt, findet sich auch der sagenumwobene namensgebende „Schöne Brunnen" heute noch auf dem Gelände. Und zwar, wenn man den Schlossparkplan betrachtet, ganz links in der Nähe des (bekannteren) Obeliskbrunnes und der Römischen Ruinen.

Natürlich umranken die Namensgebung des gesamten Ortes gleich mehrere Mythen. Sicher ist, dass das früher Gatterhölzl genannte Gelände bewaldet war und zu Jagdzwecken genutzt wurde. Auch ein kleines Jagdschloss namens Gatterburg oder Katterburg ließen sich die Kaiser dort schon errichten. Der Name geht vermutlich auf den Tiernamen Kater (also „Kater-Wald", „Kater-Burg") zurück, was aber eher auf dort ansässige animalische Bewohner als auf die Befindlichkeiten der Jagdgesellschaften am Morgen nach der triumphalen Heimkehr deutet. Jedenfalls soll dort Kaiser Matthias bei der Jagd eine Quelle entdeckt und ausgerufen haben „Ei, welch' schöner Brunn'!" Das mag so sein, kann man aber durchaus in Zweifel ziehen, da ein Brunnen nun mal ein Brunnen und keine Quelle ist. – Wie auch immer, die weitere Geschichte der ursprünglich von vier Linden umgebenen Quelle ist gut dokumentiert. In den Jahren 1642 bis 1643 wurde sie eingefasst und mit einer, natürlich nackten, Quellnymphe aus Marmor geschmückt. Nun war die Quelle also definitiv ein Brunnen. Aus den Brüsten der Nymphe soll sich damals

Einer der vielen schönen Brunnen in Schönbrunn.

Wasser ergossen haben. Und von diesem (schönen) Anblick soll, so einer anderen Legende zufolge, der Name „schöner Brunnen" stammen. Sehr plausibel, wie mir scheint, vor allem, wenn man weiß, dass die Ortsbezeichnung Schönbrunn seit 1642 belegt ist …

Später kam noch ein ihn umgebendes Brunnenhaus dazu. Die Statue der Nymphe wurde später zerstört und 1780 durch eine Statue der Quellnymphe Egeria ersetzt, die zwar auch nackt ist, bei der das Quellwasser aber nun aus einer in der rechten Hand gehaltenen Vase strömt. Sie befindet sich in einem bereits 1771 neu errichteten Brunnenhaus, das innen und außen mit Muscheln, Schilfbündeln, Blumengirlanden und Tropfsteinen verziert ist. Auch ein großes „M" auf einer Steinplatte findet man hier, das an die Entdeckung der Quelle durch Kaiser Matthias erinnern soll. Dieser schöne Brunnen lieferte bis ins 19. Jahrhundert das Trinkwasser für den Kaiser und wurde sogar (per Maulesel) in die Hofburg exportiert. Aber auch Parkbesucher durften schon zu Kaisers Zeiten aus der Quelle schöpfen.

Das gelegentlich unter dem Namen „Schönbrunner Schlosswasser" in Plastikflaschen verkaufte „naturbelassene Quellwasser" stammt allerdings nicht von hier, sondern aus der Steiermark und ist gleichermaßen marketingorientiert auch unter dem Namen „Mostly Mozart Spring Water" erhältlich.

Übrigens: Schloss und Park bilden gemeinsam eine eigene politische Einheit, nämlich eine der 89 eigenständigen Katastralgemeinden innerhalb Wiens.

Schwarze Lipizzaner

„Mir bleibt auch nix erspart", hätte der alte Kaiser wohl geseufzt, wenn er erfahren hätte, dass in der uralten, ehrwürdigen Männerdomäne der noch dazu im Hofburgkomplex integrierten Spanischen Hofreitschule demnächst auch Damen als Reiterinnen zugelassen sein werden. 2008 wurden die ersten Frauen als Elevinnen für den Status des „Bereiters" aufgenommen. – Nach immerhin rund 430 Jahren.

Ganz genau genommen gibt es aber schon etwas länger Frauen, die als Bereiterinnen echte Lipizzaner nach der alten „Haute Ecole" zum Tanzen bringen. Allerdings nicht in Wien, sondern in Südafrika. Und das kam so:

Lipizzaner werden zwar normalerweise nur in der Spanischen Hofreitschule vorgeführt, aber es gab und gibt natürlich auch viele dieser Pferde in privatem Besitz. U. a. wurden ja auch schon Lipizzaner als Staatsgeschenke vergeben, etwa als Thomas Klestil 1982 Ronald Reagan mit dem Hengst „Amadeus" beschenkte. Darüber hinaus gibt es eine eigene Zucht in Illinois.

Im Jahr 1944 floh der ungarische Adlige Graf Jankovich-Besan mit seiner Familie vor der russischen Armee und nahm u. a. auch einige in seinem Besitz befindliche Lipizzaner mit. Über wechselvolle Wege und so mancherlei Abenteuer kamen die Pferde nach Bayern und wurden dort mit Schmutz, Öl und Paraffin bemalt, um sie krank aussehen zu lassen und so vor etwaigem Wehrdienst oder gar dem Kochtopf zu bewahren. Nach der Befreiung durch die amerikanische Armee emigrierte der Graf samt Gestüt nach London und von dort nach Mooi River, das im Gebiet KwaZulu-Natal in Südafrika liegt. (Die Gegend seiner kleinen Farm dort soll ihn an seine Heimat Ungarn erinnert haben.)

Ein weiterer Immigrant nach Südafrika war der polnische Kavallerie-Offizier Major George Ivanowski. Dieser lernte hier zufällig den Grafen kennen, und aus dieser Bekanntschaft ergab sich Folgendes: Graf Jankovich-Besan überließ Ivanowski den Lipizzaner-Hengst „Maestoso Erdem" für sein Training. Unterstützung und Unterricht erhielt der Graf durch einen damals im Nachbarland Rhodesien anwesenden Trainer der Spanischen Hofreitschule. Bald darauf war die „Hohe Schule" in Südafrika begründet und tourte durchs ganze Land. Ab 1960 wurde dann aber im Norden von Johannesburg, in Kyalami, ein permanentes Reitzentrum errichtet. Ab 1965 begann auch die Zucht (bis heute in KwaZulu-Natal), und 1969 folgte in Kyalami schließlich der Bau einer geschlossenen Reithalle. Hier werden die Pferde bis heute vorgeführt, wie eingangs erwähnt von Frauen, und zwar nur von Frauen. 2007 wurde eine spezielle Vorstellung zu Ehren des 100. Geburtstags von George Ivanowski in seiner Anwesenheit aufgeführt.

Noch eine Besonderheit hat Kyalami zu bieten: Zwar sind alle Lipizzaner bei ihrer Geburt schwarz, aber erwachsene schwarze Exemplare gibt es selten. Und im Gegensatz zu Wien werden solche auch in Kyalami trainiert und vorgeführt. Nun, schwarze Lipizzaner, warum nicht? Schließlich gibt es auf dem „schwarzen Kontinent" Afrika ja auch schwarze Schwäne.

Eine alte Fünf-Schilling-Münze mit Lipizzanerprägung.

Seit einigen Jahren bestehen übrigens auch offizielle Beziehungen zwischen der südafrikanischen und der Wiener Hofreitschule. Kyalami hat von Wien aus sogar eine Art Echtheitszertifikat erhalten.

Auch die Lipizzaner in Illinois werden übrigens trainiert und haben, nicht von Wien aus sanktionierte, Auftritte in den USA.

Neben diesem realen Export vom Wiener Lipizzanertum kam es in den letzten Jahren auch zu einem ideellen. War früher ein Lipizzaner mit Reiter auf den fünf-Schilling-Münzen zu sehen, ist jetzt ein solcher auf der slowenischen 20-Cent-Münze abgebildet. Allerdings handelt es sich in diesem Fall um einen gerechtfertigten „Re-Import" schließlich liegt das namensgebende Lipica bekanntlich in Slowenien.

Unterirdisch unterwegs

Es ist noch gar nicht sooo lange her, dass in Wien statt U-Bahnen Stadtbahnen verkehrten. Gerade einmal knapp über 20 Jahre. Und vielen Strecken, wie der U4 und der U6, sieht man ja auch architektonisch wie baulich noch an, dass sie eher für eine Metro um 1900 als für eine U-Bahn von 2000 errichtet wurden. Aber immerhin ist es den Wiener Verkehrsbetrieben mittlerweile gelungen, durch hartnäckiges Nachrüsten und Umbauen, alle Stationen behindertengerecht und kinderwagenfreundlich mit zumindest einem Aufzug auszustatten.

Ein Relikt der Stadtbahnvergangenheit war übrigens lange Zeit noch der Linksverkehr: Als letzte Linie wurde die Stadtbahnlinie G im Jahr 1989 von links auf rechts umgestellt und in U6 umbenannt.

Das mit dem Linksverkehr ist übrigens historisch bedingt. In den allerersten Regelungen für die Benutzung einer Straßenseite gab man links den Vorzug. Eine Erklärung verweist auf die Zeit der Reiterei: Einem Reiter fiel es offenbar leichter, sein Schwert zu ziehen und etwa einen entgegenkommenden Räuber mit der Rechten zu attackieren oder sich zu verteidigen, wenn er auf der linken Seite ritt. Tatsächlich ist die Geschichte des Links- oder Rechtsverkehrs jedoch noch viel komplizierter und wechselvoller und würde den Rahmen dieses Buchs sprengen. Weltweit gibt es jedenfalls noch genug Länder, in denen der Straßenverkehr linksgeregelt ist. Neben England gehören in Europa auch noch Irland, Malta, Zypern und die Kanalinsel dazu, in Afrika sind es 15 Länder, ebenso in Mittelamerika und in Asien, wo fast alle wichtigen Länder von Japan bis Indien, mit der Ausnahme China, links fahren, ganz Ozeanien (mit der Ausnahme Samoa – seit 2009) und sogar in Südamerika gibt es zwei Länder mit Linksverkehr, nämlich Guyana und Suriname.

Bevor man über diese aus europäischer Sicht scheinbar historische Rückständigkeit lächelt, sollte man sich vor Augen halten, dass der Rechtsverkehr in Wien auch erst 1938 durch die okkupierenden Nazis eingeführt wurde (andere Teile von Österreich waren bereits umgestellt).

Auf der Schiene herrscht in Ostösterreich bis heute Linksverkehr! Um genau zu sein, fahren alle Züge der ÖBB in Wien und Ostösterreich auf der linken Seite, damit auch alle Schnellbahnen. Mit der Ausnahme der S45 der Vorortelinie, weil sie separat von allen anderen Schnellbahnen verkehrt und sich daher als einzige ihre Schienen mit keiner anderen durch- oder weiterfahrenden Bahn teilen muss. Auch alle Straßen- und U-Bahnen fahren heute in Wien rechts. Und die Liliputbahn auch.

Die Stadtbahn war jedenfalls in ihrer ursprünglichen Planung und Errichtung eher für den militärischen Notfall als für den Kommunalverkehr gedacht. In erster Linie ging es damals um die schnelle Verbindung der vielen Wiener Kopfbahnhöfe bzw. der jeweiligen von dort wegführenden Bahnlinien, um im Mobilisierungsfall Truppen und Material schnell verschieben zu können. Deshalb, um möglichen Ausfällen zuvorzukommen, war sie ursprünglich auch eine echte dampfbetriebene Eisenbahn, obwohl bei ihrer Errichtung knapp vor 1900 schon elektrische Varianten bekannt und möglich waren.

Exzerpt: Die von Wien wegführenden und in Wien endenden Linien hatten anfangs natürlich alle monarchistisch-habsburgerische Bezeichnungen. Vom heutigen Nordbahnhof aus fuhr die „Kaiser-Ferdinands-Nordbahn", vom heutigen Westbahnhof die „Kaiserin-Elisabeth-Bahn" und vom heutigen (noch) Südbahnhof die „Kaiser-Franz-Joseph-Orientbahn". Erhalten hat sich aus dieser Zeit noch die nordwestliche Linie, die damals wie heute „Franz-Josefs-Bahn" heißt und deren Endpunkt nach wie vor der Franz-Josefs-Bahnhof geheißene Kopfbahnhof ist.

Die Dampflinien der Stadtbahn trugen anfangs nur die Namen, die auf ihre jeweiligen Streckenabschnitte verwiesen: „Vorortelinie", „obere Wientallinie", „Gürtellinie", „untere Wientallinie", „Donaukanallinie" und „Verbindungsbogen". Es waren ursprünglich auch weitere Linien geplant, die zum Teil der heutigen Streckenführung der U1 (Reichsbrücke stadteinwärts) und U2 (Lastenring) entsprochen hätten, aber nicht verwirklicht wurden. Erst viel später, im Jahr 1925, wurden alle Linien elektrifiziert und in das zivile öffentliche Verkehrsnetz integriert. Zuletzt war die klassische eckige und rote und größtenteils aus Holz konstruierte Stadtbahn auf drei Linien unter den Bezeichnungen D, G, und W (für Donaukanal, Gürtel und Wiental) unterwegs.

Viele der Stationen und auch etwa die Geländer entlang ihrer Strecken sind bis heute unschwer als das im

Jugendstil gehaltene Werk von Otto Wagner zu erkennen und damit auch mit der französischen Metro verwandt. Auch zwei besonders prunkvolle Pavillons schuf Otto Wagner für die Stadtbahn. Einerseits den sehr Bekannten am Karlsplatz (also in unmittelbarer Hofburgnähe) und anderseits den fast Unbekannten bei Schönbrunn. Diese zweite der sozusagen „Kaiserstationen" liegt logischerweise nahe eines der Gartenausgänge des Schlosses Schönbrunn: Der prachtvoll ausgestattete und wohl dem Kaiserhaus vorbehaltene Hofpavillon wurde allerdings nur ein einziges Mal benutzt: bei seiner Eröffnung. Heute liegt er verwaist auf einer kaum erreichbaren Grünfläche zwischen der stark befahrenen Einfallsstraße Schönbrunner Schlossstraße und der Wientallinie der U4, wo man ihn am allerbesten von einem im Stau steckenden Auto aus betrachten kann.

Würde man ihn heute öffnen, wäre er der logische Hinterausgang der U4-Station Hietzing und würde die Touristen viel näher als der Ausgang bei der Kennedy-Brücke zum Ziel ihrer Wünsche, dem Schloss hinführen.

Zu guter letzt noch ein paar Worte zu einem der ungelösten Rätsel des Wiener Untergrundverkehrs: nämlich dem um die U5. Nun, die Reihenfolg der Eröffnung der Wiener U-Bahnen folgte von Anfang an nicht unbedingt der Zahlenlogik. Die erste U-Bahnlinie, die dem Wiener Verkehrsnetz übergeben wurde, war 1976 die ... U4. Auch wenn noch nicht die ganze heutige Linie so hieß. Erst zwei Jahre später, 1978, folgte die U1. Als dritte Linie ging 1980 die U2 in Betrieb. 1989 folgte als vierte Linie die ... U6. Und erst als fünfte Linie startete 1991 die U3.

Und die U5? Auf die warten die Wiener bis heute. Der Grund dieses scheinbaren Nummernchaos liegt in den wechselvollen Phasen der Planung und in dem Bau des Netzes. Die Wiener U-Bahn wurde in ihren Grundzügen in den Jahren 1966 bis 1973 erdacht. Auch die Nummern wurden damals schon vergeben. Da war die U5 natürlich auch immer mit dabei. Aber im Zuge der Planungen kam es immer wieder zu Veränderungen der Streckenführungen, und die Nummer U5 wanderte immer wieder an Strecken, die im Endeffekt nicht zustandekamen. U. a. waren Teile der heutigen U2 Streckenideen für eine ursprüngliche U5.

Ganz vom Tisch ist die „missing line" aber bis heute nicht. Es gibt Überlegungen, sie doch noch zu errichten. Immer wieder im Gespräch ist dabei eine Linie, die von Hernals in die Innenstadt zum Rathaus und von dort mit teilweiser Übernahme der aktuellen U2-Strecke über den Karlsplatz weiter über den dann neuen Zentralbahnhof in den zehnten Bezirk hineinreicht. Die U2 bekäme dann einen komplett neuen Südast vom Rathaus über die Neubaugasse, die Pilgramgasse und den Matzleinsdorfer Platz bis zum Wienerberg. Da aber andere Ausbauten und Verlängerungen derzeit Vorrang haben, wird es mit einer U5 für Wien vor mindestens 2020 wohl eher nix werden.

Interessant, weil teilweise ungewöhnlich ist auch die Farbgebung der Leitfarben der U-Bahnen. Die richtet sich nämlich, wenn sie nicht wie etwa das Londoner Netz gleich über zehn Linien zu unterscheiden hat, nämlich meistens nach den Grundfarbe. Gut, das

Grün der U4 und das Rot der U1 sind damit international übliche Farben. Das eher ungewöhnliche Braun der U6 stammt von der ursprünglichen Farbmarkierung der Stadtbahn ab. Und da blau bereits durch die Schnellbahnen (und die Badner Bahn) besetzt ist, blieb für die U2 das weniger gebräuchliche Lila übrig. Aber wieso die U3 orange statt dem viel üblicheren Gelb als Leitfarbe hat, wissen wohl nur die internen Zirkel der Wiener Verkehrsplanung. Die U5 wird in derzeit angedachten Netzplänen übrigens mit der Farbe Hellblau dargestellt.

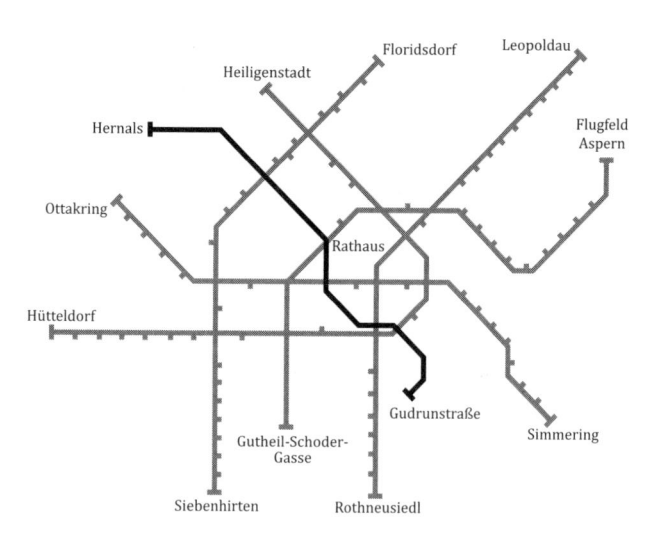

Das U-Bahn-Netz inklusive Linie U5 (Planungsstand 2004).

Steine zum Staunen

Wien ist wie jede Großstadt nicht gerade arm an Denkmälern und Standbildern jeglicher Art. An allen wichtigen Plätzen stehen sie, als Teile von Brunnen oder an Hausfassaden ... mehr oder weniger wichtige, mehr oder weniger bekannte, mehr oder weniger künstlerisch bedeutsame. Von Wiens vermutlich meistfotografierten Denkmälern, Johann Strauß und Mozart, über die Orte mit dem an Sommertagen wohl dichtesten Japaneraufkommen pro Quadratmeter, bis zu den zahllosen Gedenkbüsten und trauernden Engeln des Zentralfriedhofs.

Viele davon sind berühmt und weisen technische (das Reiterstandbild von Erzherzog Karl am Heldenplatz, eines der wenigen weltweit, auf denen das Gewicht von Pferd und Reiter auf nur zwei Hinterhufen ruht) oder inhaltliche (die vielen Herren rund um bzw. zu Füßen von Maria Theresia zwischen dem Kunsthistorischen und dem Naturhistorischen Museen sind quasi ihre gesamte Regierung) Besonderheiten auf.

Allerdings gibt es zumindest zwei Ensembles von Figuren in der Wiener Innenstadt, die wenig bis gar nicht bekannt sind und über die auch nur schwer zu recherchieren ist, die aber jeweils einen nicht uninteressanten historischen bis kuriosen Wert darstellen. Das wären zum einen einige Mädchen bei der Albertina und zum anderen eine Reihe von Herren vor der Neuen Burg.

Rund um die Albertinarampe (Exkurs: eine ehemalige Auffahrt, eigentlich Albrechtsrampe genannt, die einst von der Albertina zum ersten Stock der Hofburg reichte, die Kaiserin Maria Theresia angeblich deswegen erbauen ließ, weil sie zu dick zum Stiegen steigen war), also auf Straßenniveau, findet sich eine Reihe von allegorischen Statuen. An der Ecke gegenüber eines der legendäreren Würstelstände Wiens thront erst mal ein Herr namens Danubius neben einer Dame namens Vindobona. Daher trägt das Ensemble auch üblicherweise den Namen Danubiusbrunnen (offiziell: Albrechtsbrunnen). Erbaut 1869. Und man ahnt langsam, wohin die Reise geht. Richtig, es handelt sich um die allegorische Darstellung der Donaumonarchie – anhand ihrer wichtigsten Flüsse. Neben der alles verbindenden Lebensader Donau fanden sich hier ursprünglich weitere Figuren aus allen Teilen des Reiches. Von links (Burggarten-Eingang) nach rechts (Herrengasse): Drau (Drave), Mur, Salzach, March, Save, Donau und Vindobona, Theiss, Raab, Enns, Traun, Inn. Dabei waren die größeren Flüsse als Frauen, die kleineren als Mädchen dargestellt. Nur der Inn war ein junger Mann. Im Krieg beschädigt, wurde der Brunnen in den letzten Jahrzehnten Stück für Stück wieder aufgebaut, aber u. a. durch die neue Nutzung und den Umbau der Rampe haben nicht mehr alle „Flüsse" Platz. Die fehlenden Figuren (Drau und Inn) stehen heute etwas disloziert im angrenzenden Burggarten.

Noch weniger bekannt, obwohl völlig intakt von Tausenden Besuchern und Einheimischen täglich gesehen, ist ein anderes Figurenensemble. Klarer Fall von selektiver Wahrnehmung. Oder, Hand aufs Herz, sind Ihnen schon jemals die lebensgroßen Statuen von 20 seltsam gekleideten Herren mitten am Heldenplatz aufgefallen?

Besser gesagt, links und rechts vom Eingang der Nationalbibliothek? Eben. Dabei stehen sie dort, seitdem es diesen „Neue Burg" genannten Seitenflügel gibt.

Exkurs: Mit der nur halbfertigen Neuen Burg gehört der Heldenplatz wohl – neben der Stephanskirche – zu den schönsten unvollendeten Baudenkmälern der Stadt. (Sieht man von der Brigittenauer Brücke ab, aber das steht in einem anderen Kapitel, siehe S. 81.)

Denn macht der fehlende Nordturm den Steffl erst zum Steffl, so macht der fehlende zweite Teil der Burgerweiterung den Heldenplatz erst zu diesem erfrischend weiträumigen Ort in der Innenstadt, mit erstklassigem Blick auf Parlament und Rathaus. Auf das ursprünglich geplante „Kaiserforum" fehlt nämlich sogar eine ganze Menge. Das von Semper geplante Areal sollte von der Hofburg über den Ring bis zu den Hofstallungen (dem heutigen Museumsquartier) reichen und wäre so ein weitläufiges und beeindruckendes Ensemble geworden. Fertig wurden: die beiden Museen, das Maria-Theresien-Denkmal, die beiden Reiterstandbilder am Platz, das äußere Burgtor und die Nationalbibliothek. Was fehlt, sind der Spiegeltrakt der Neuen Burg und zwei Triumphbögen über die Ringstraße, die jeweils die zwei Trakte mit den beiden Museen verbunden hätten. – Und heute vermutlich den Busverkehr auf der Ringstraße behindern würden.

Doch zurück zu den Skulpturen. Links und recht neben der Auffahrtsrampe zur Auffahrtshalle (das ist der Eingang) stehen zwischen den Fenstern 20 Figuren. Sie sollten die Geschichte der österreichischen Monarchie widerspiegeln und waren daher ursprünglich als Statuen von bedeutenden Habsburgern gedacht. Der Plan wurde aber geändert, und nun stellen die von unterschiedlichen Bildhauern hergestellten Plastiken die Hauptepochen und die Träger der Geschichte Österreichs dar. Sprich: mehrheitlich normale Untertanen – quer durch die Zeiten und Stände.

Von links nach rechts stehen daher heute die folgenden Herren: ein Markomanne, ein römischer Legionär, ein Bajuware, ein Missionar, ein Slawe, ein fränkischer Graf, ein Magyare, ein Kreuzfahrer, ein Seefahrer, ein Ritter, ein Magister, ein Kaufmann, ein Bürger, ein Bergmann, ein Landsknecht, ein Soldat Wallensteins, ein Pole von 1683, ein Wiener Bürger von 1683, ein befreiter Bauer und zuletzt ein Tiroler von 1809.

Wem das zu viel an geballter Manneskraft ist, der betrete die Auffahrtshalle, denn in dieser befinden sich,

Die Skulpturen links der Auffahrtsrampe.

ebenso groß und ebenso übersehen (und zwei auch noch ganz nackig), drei griechische Göttinnen: Hera, Athene und Aphrodite – sowie Apollo, komplett mit Lyra! Eigentlich ein erfreulicher Anblick für Touristen und recherchierende Studiosi.

Zum Schluss aber vielleicht noch einmal kurz zu dem oben erwähnten Denkmal von Maria Theresia, das nämlich ein nicht minder beeindruckendes Ensemble an Figuren zu bieten hat. Es war nicht nur eines der größten, sondern auch eines der teuersten Denkmäler seiner Zeit, wurde 1888 anlässlich des Geburtstages von Kaiserin Elisabeth enthüllt und sollte noch einmal den ganzen Glanz und die ganze Glorie der Habsburgermonarchie symbolisieren. Die Kaiserin trägt keine Krone, denn rechtlich gesehen war sie keine Kaiserin, sondern nur die Gattin des eigentlichen Kaisers, statt dessen sitzt als Zeichen der Einheit ein Juwelendiadem auf ihrem Kopf.

Unmittelbar zu ihren Füßen sitzen vier allegorische Damen: Gerechtigkeit, Kraft, Milde und Weisheit mit Namen. Weiter unten sind ebenfalls vier Herren auf Pferden um sie gruppiert, und zwar die vier berühmten Feldherren Daun, Traun, Laudon und Khevenhüller. Und an den vier Seiten des Sockels finden sich jeweils Personengruppen aus dem Umfeld der Kaiserin, und zwar: vier Berater und Vertreter der Außenpolitik; sechs Herren aus der Verwaltung, u. a. Josef Freiherr Sonnenfels; vier Vertreter des Militärs; und schließlich sechs Herren aus dem Bereich Wissenschaft und Kunst, unter ihnen Gluck, Haydn und Mozart – als Knabe.

Wanted: Habsburger – dead or alive!

Die Habsburger sind gewissermaßen nicht umzubringen. Zumindest touristisch dominieren sie in hohem Maße noch die beliebtesten Orte der Besichtigung in Wien. Unter den Top-20-Attraktionen rangieren regelmäßig mehrheitlich Orte mit Habsburger- oder zumindest Aristokratie-Bezug. Und zwar (nicht unbedingt in dieser Reihenfolge): die Kaiserappartements (inklusive Sisi-Museum), die Silberkammer, die Kaisergruft, die Spanische Hofreitschule, der Tiergarten Schönbrunn, die Albertina, das Belvedere – und unangefochten an der Spitze das Schloss Schönbrunn. Mit rund 2,5 Millionen Besuchern pro Jahr.

Nun, kein Wunder. Gemessen an 640 Jahren Regentschaft über Österreich sind knapp 90 Jahre seit dem Ende der Monarchie gewissermaßen ein Lercherl. Und sollte es einem Habsburger in den nächsten 20 bis 30 Jahren zufällig gelingen, doch wieder zumin-dest eine repräsentative Monarchie einzuführen, nicht ganz auszuschließen, wenn man etwa an den Erfolg der ORF-Fernsehsendung „Wir sind Kaiser" denkt, wäre das sogar noch ein historisch gesehen vertretbares Interregnum.

Und, klar, der Glanz eines Kaiserhauses mit (um 1800) mehr als 20 Millionen Einwohnern, damals eine gewaltige Anzahl, und einer Landesfläche zeitweise so groß wie Frankreich und Deutschland zusammen, gibt international schon mehr her als acht Millionen Einwohner einer Alpenrepublik. Die natürlich, das sei hier explizit erwähnt, auch nicht ohne Meriten sowie große Söhne und Töchter ist.

Wie auch immer, Habsburger verkaufen sich (touristisch) gut, tot wie lebendig. Eigentlich besonders gut tot, wenn man bedenkt, dass die Kaisergruft, die Herzgruft und die Katakomben im Stephansdom, also die drei Orte, auf die die meisten Habsburger post mortem verteilt wurden, jeweils für sich vielbesuchte Anziehungspunkte sind.

Und damit nicht genug, gibt es auch noch andere Gräber wichtiger Figuren der Habsburger Geschichte, die ganz woanders zu finden sind. Etwa das des 1914 in Sarajewo erschossenen Thronfolgers Franz Ferdinand. (Der übrigens tatsächlich der Namensgeber der erfolgreichen schottischen Popband gleichen Namens ist.)

Da er zwar mit einer Gräfin (nach der Hochzeit Herzogin), aber dennoch für einen Thronfolger des Kaiserhauses nicht standesgemäß verheiratet war (man spricht auch von einer morganatischen Ehe), liegt das Paar nicht in der Kapuzinergruft, sondern in Schloss Artstetten. Das heißt, er hätte schon hinein gedurft, aber sie nicht, weshalb er den gemeinsamen Begräbnisort testamentarisch verfügt hatte. Wo die beiden nach Hofdiktion mit einem „Begräbnis III. Klasse" beigesetzt wurden. Ganz gleich waren die beiden aber übrigens auch im Tod nicht: Nach dem Mord wurden sie zwar nebeneinander aufgebahrt, der Sarg des Thronfolgers war aber um 50 Zentimeter höher.

Zu den sonst üblichen habsburgischen Verwandtschaftsverhältnissen (Kaiserin Sisi war etwa die Cousine ersten Grades von Franz Joseph) sagte er einmal: „Wenn unsereiner jemanden gern hat, findet sich immer im Stammbaum irgendeine Kleinigkeit, die die Ehe verbietet, und so kommt es, daß bei uns immer Mann und Frau zwanzigmal miteinander verwandt sind. Das Resultat ist, daß von den Kindern die Hälfte Trottel und Epileptiker sind."

Übrigens war der gute Franz auch sonst eher rebellisch und ein „wilder Hund". Er hat die Welt umrundet, stutzte einmal krankheitsbedingt auf einer Liege im Schlosspark liegend Bäume mit der Pistole und war schon eher ein pathologischer als passionierter Jäger: 274.889 Abschüsse von Wild verzeichnete das Hofamt, zum Vergleich: Der ebenfalls sehr aktive Jäger Franz Joseph brachte es in seiner wesentlich längeren Lebenszeit auf „nur" 50.520 Abschüsse. Außerdem war der Thronfolger tätowiert: Am rechten Oberarm trug er das Bildnis eines chinesischen Drachen.

Doch zurück zur Kaisergruft. Die Gemahlin des Thronfolgers war nicht die einzige Habsburgerin mit gewissen höfischen Begräbnisschwierigkeiten, wenn auch aus anderen Gründen. Die Erzherzogin Henriette von Nassau-Weilburg (1797–1829) war Protestantin und das auch nach ihrer Verheiratung mit Erzherzog Karl, die erste interkonfessionelle Ehe im habsburgischen Kaiserhaus. Den Wienern ist sie vor allem dadurch in Erinnerung geblieben, dass sie in Österreich den Weihnachtsbaum einführte. – Nur eines von vielen christlichen Symbolen (wie auch der Adventkranz), welche die katholische Kirche erst, weil aus anderen christlichen Kulturen stammend, heftig ablehnte und dann doch – durchaus werbewirksam – für sich vereinnahmte. Als sie nach einer glücklichen und kinderreichen Ehe im Alter von 31 Jahre starb, war sie sehr beliebt und sollte natürlich auch standesgemäß begraben werden. Das gelang dem Kaiserhaus schließlich, wenn auch gegen erhebliche Widerstände der Kapuziner-Patres. Damit ist Henriette die einzige Protestantin in der Kapuzinergruft. Sie wurde auch traditionell „seziert" und einbalsamiert, aber in die Augustiner- und Stephanskirche hat sie es schließlich doch nicht geschafft: Ihre Herz- und Intestina-Urne stehen neben ihrem Sarg.

Die letzte (angeheiratete) Habsburgerin, die in der Kapuzinergruft beigesetzt wurde, war übrigens Zita, die letzte Kaiserin von Österreich. Und das 1989, also 80 Jahre nach Ende der Habsburgermonarchie. Und das mit einem Trauerkondukt durch die ganze Innenstadt. Und das live im Fernsehen. Und das mit der kompletten klassischen „Einlasszeremonie".

Hier das Drehbuch:

Der Trauerzug hält vor der verschlossenen Tür zur Gruft am Neuen Markt.
Der Herold klopft an die Tür.
Eine Stimme hinter der Tür, der Pater Guardian, fragt: „Wer begehrt Einlass?"
Als Antwort wird der Name der Verstorbenen mit sämtlichen Titeln genannt: „Zita, Kaiserin von Österreich,

Königin von Ungarn, von Böhmen, von Dalmatien, Kroatien, Slavonien, Galizien, Lodomerien, Illyrien (etc.)"
Darauf wird geantwortet:
„Die kenne ich nicht."
Der Herold klopft ein zweites Mal.
Die Stimme fragt wieder:
„Wer begehrt Einlass?"
Der Herold antwortet mit einem verkürzten, dem sogenannten „kleinen" Titel.
„Kaiserin Zita."
Darauf wird wieder geantwortet:
„Die kenne ich nicht."
Der Herold klopft ein drittes Mal.
Die Stimme fragt erneut:
„Wer begehrt Einlass?"
Nun aber antwortet der Herold:
„Zita, eine arme Sünderin, deren Sünden so zahlreich sind wie die Sterne am Himmel, eine rechtgläubige Tochter der katholischen Kirche."
Daraufhin sagt die Stimme:
„Sie soll eintreten."

Das Herz von Zita wird übrigens im Kloster Muri in der Schweiz aufbewahrt, ein weiterer aktueller prominenter Begräbnisort der Habsburger.

Es gilt als nicht ganz ausgeschlossen, dass es noch einmal ein weiteres Habsburgerbegräbnis in der Kapuzinergruft geben wird. Schon lange gibt es Bestrebungen den in Madeira verstorbenen und beigesetzten letzten Kaiser von Österreich, Karl I., zu überführen und hier zu bestatten. Seit dem Begräbnis seiner Gemahlin Zita wurde für ihn ein Platz reserviert. Besonders seit seiner Seligsprechung 2004 (in der Pfarrkirche Liesing kann man ihn bereits als Kirchenfenster bewundern, ein Glasbild von Martin Häusle) gibt es immer wieder Anläufe, die aber u. a. von Karls Sohn Otto von Habsburg abgelehnt werden. Vor allem weil er es als Affront gegenüber den Einwohnern von Madeira ansehen würde, für die die Begräbnisstätte in Monte bei Funchal eine recht große Bedeutung hat. Außerdem ist auch das wieder ein durchaus touristisch wichtiger Ort zum Besuch eines verstorbenen Habsburgers.

Wer übrigens selbst gerne ein Stück Habsburg bei sich zu Hause hätte: Jedes Jahr veranstaltet das Wiener Dorotheum eine Versteigerung diverser Objekte und Memorabilia mit monarchischem Bezug unter dem Namen „Kaiserhaus". Dazu zählen einerseits Büsten und Gemälde, die Adlige darstellen, aber auch immer wieder Erinnerungsstücke aus dem persönlichen Besitz der Habsburger. Die Kataloge zu diesen Versteigerungen, die meisten sind auch online einsehbar, zeigen ein unglaubliches Potpourri an Dingen, die dann teilweise, wie viele persönliche Besitztümer der Kaiserin Elisabeth, anschließend auch immer wieder in Museen, in diesem Fall dem Sisi Museum, landen.

Hier ein paar originelle Versteigerungsobjekte von vielen: eine persönliche Damenflinte von Marie Antoinette; Fußwaschungsbecher und Fußwaschungskrug von Kaiser Franz Joseph; ein persön-

Eingangsbereich des Sisi Museums.

liches Taschentuch von Kaiser Franz Joseph, Batist, rote Streifenbordüre, gesticktes Monogramm „FJ", mit Echtheits-Bestätigung; ein persönlicher Zigarrenspitz von Kaiser Franz Joseph, Meerschaum, mit Echtheits-

Bestätigung; persönliche Reitsporen von Kaiser Franz Joseph, Metall, mit Echtheits-Bestätigung; persönlicher Sonnenschirm von Kaiserin Elisabeth, zerlegbarer Elfenbeingriff, aprikotfarbener Seidenrips mit schwarzem Spitzenbezug; persönliches Milchglas der Kaiserin Elisabeth, samt aufwändig gefertigter Kassette (da das Glas auf allen Reisen mitgenommen werden musste); ein paar Damenschuhe von Katharina Schratt, einseitig, handschriftliche Bezeichnung: „Fr. v. Kiss Schratt 3262", 1. Drittel 20. Jh.; ein weißes Seidenkleid von Katharina Schratt; Sisis Stolperstein (ein unscheinbarer schwarzer Stein, über den Kaiserin Elisabeth während eines Aufenthalts in Santorin stolperte. Zur Erinnerung wurde der Stolperstein an zwei Seiten beschliffen und diente der Kaiserin bis zu ihrem Tod als Briefbeschwerer); ein Jagdhut von Kaiser Franz Joseph; 15 Rezeptscheine von Kaiserin Elisabeth; ein Paar Strümpfe von Kaiserin Elisabeth; das Höhenmessbarometer von Kaiserin Elisabeth (Elisabeth trug das Messgerät immer – auch zum Zeitpunkt ihrer Ermordung am Genfer See – um den Hals); das letzte Hauspaletot von Kaiser Franz Joseph (ein vom Kaiser gern getragener und als sein „Bonjourl" bezeichneter Übermantel); die beschädigte Windschutzscheibe nicht des Thronfolger-Autos, sondern eines Autos aus dem Konvoi, das bei dem Attentat in Sarajewo beschädigt wurde (ersteigert vom Heeresgeschichtlichen Museum); ein Suppenlöffel von Kaiserin Elisabeth – und vieles andere mehr.

Vier Wienerinnen

Über Wiener wird nicht nur in diesem Buch ausreichend geschrieben. Über Wienerinnen liest man dagegen weniger. Aber natürlich gibt es auch über heimische Vertreterinnen des weiblichen Geschlechts ausreichend Interessantes und Kurioses zu berichten. Seien es biedermeierliche Weltreisende, sozialdemokratische Erzherzoginnen, asiatische Präsidentengattinnen oder technologisch innovative Hollywoodlegenden. Aber der (historischen) Reihe nach:

Nach einigem Ruhm zu ihren Lebzeiten und einer längeren Phase des Vergessens erlangt die Wienerin Ida Pfeiffer (1797–1858) in den letzten Jahren wieder etwas von der ihr zustehenden Bedeutung. Denn nach einem wechselvollen, aber im Rahmen der Zeit nicht ungewöhnlichen biedermeierlichen Frauenleben begann sie im Alter von 45 Jahren, als ihre beiden Söhne erwachsen waren, ein ausgedehntes Reise- und Forscherleben. Sie legte dabei an die 240.000 Kilometer zu See und 32.000 Kilometer zu Land (auf vier Kontinenten) zurück. 1842 bereiste sie zuerst Palästina und Ägypten, 1845 folgten Island, Norwegen und Schweden. Schon ein Jahr später brach Ida zu ihrer ersten Weltreise auf, die bis 1848 dauerte und die sie von Brasilien über Chile, Tahiti, China, Hongkong, Singapur, Ceylon, Indien, Persien, Mesopotamien, den Kaukasus, das Schwarze Meer und Konstantinopel nach Griechenland führte. Von 1851 bis 1855 unternahm sie ihre zweite Weltreise, von Südafrika über

Borneo, Sumatra, Java bis Nord- und Südamerika. Von 1856 bis 1858 bereiste sie rund um ihren 60. Geburtstag Mauritius und Madagaskar. Eigentlich wollte sie nach Australien, wurde aber 1856 in Madagaskar (ihrer ersten Station) wegen Spionageverdachts verhaftet und zum Tod verurteilt. Sie entkam (oder wurde nach anderen Quellen ausgewiesen), zog sich aber eine tödliche Tropenfieber-Infektion zu, weshalb sie nach einem Aufenthalt in Mauritius nach Hause zurückkehren musste, wo sie bald darauf starb. Sie verfasste 13 Bücher über ihre Reisen, die weltweit enorm populär waren, und brachte auch umfangreiche ethnologische und zoologische Sammlungen mit. Beinahe wäre ihr auch einer der letzten Schilling-Banknoten (mit dem Wert von 50 Schilling) gewidmet worden, die dann aber aufgrund der Euro-Einführung nicht mehr gedruckt wurde.

Ida Pfeiffer.

Von verstorbenen Habsburgern, Straßenbenennungen und im Dorotheum versteigerten Memorabilia wird in diesem Buch an anderer Stelle berichtet (siehe S. 110). Von einer, die mit allen drei Bereichen zu tun hat, soll hier kurz erzählt werden. Wer sich mit der Habsburger Genealogie nicht so auskennt, weiß vermutlich nicht auswendig, dass Franz Joseph und Sisi mehr Kinder hatten als nur den tragischen Selbstmörder Rudolph. Und auch nicht, dass diese Kinder wiederum Kinder hatten. Tatsächlich war Sisi, wenn man das auch kaum in Einklang mit ihrem sonst bekannten Bild bringen kann, die Großmutter von 15 Enkeln und Enkelinnen, von denen immerhin neun zu ihren Lebzeiten geboren wurden. Eine davon war die (einzige) Tochter des schon erwähnten Kronprinzen Rudolph. D. h., hätte er überlebt und wäre er Kaiser geworden, eine der Top-Top-Top-Prinzessinnen der Habsburger überhaupt. Aber diese Erzherzogin (Habsburgersprosse heißen seit einer vor Jahrhunderten durchgeführten und später anerkannten Urkundenfälschung stets Erzherzog und Erzherzogin statt Prinz und Prinzessin) hatte offenbar eher die rebellischen Gene ihres Vaters und ihrer Großmutter geerbt, als die gemächlicheren und konservativen der Habsburgischen Linie. Die Rede ist von Erzherzogin Elisabeth Marie, genannt „Erzsi" (sprich „Erschi") – oder ganz genau Elisabeth Marie Henriette Stephanie Gisela von

Elisabeth Marie („Erzsi").

Österreich. Geboren wurde sie 1883 in Laxenburg, und ihr Leben war, nun, sehr abwechslungsreich und zweifellos untypisch für ihre Herkunft. Hier die Stichworte bzw. Stationen. Am Beginn ihrer Abweichlerkarriere stand 1902 eine nicht standesgemäße Heirat mit Otto W. Fürst Windisch-Graetz, was für die Tochter des Kronprinzen schon eher ungewöhnlich war, zumal sie eigentlich für eine Verehelichung mit dem deutschen Kronprinzen Rudolph im Gespräch und vorgesehen war. Darauf folgte, noch ungewöhnlicher, 1924 eine mehr oder weniger offizielle Trennung, nach vielen Ehekrächen und beiderseitiger Untreue, wobei Elisabeth angeblich sogar einmal auf eine Geliebte ihres Mannes geschossen hat. Schließlich kam es, zu dieser Zeit nicht nur für (ehemals) aristokratische Kreise am ungewöhnlichsten, im Jahr 1948 (im Alter von 65 Jahren) zur Scheidung. Im Lichte ihrer sonstigen Vita ist diese Scheidung aber nicht das Außergewöhnlichste. – Sowohl was ihr Privatleben als auch ihr öffentliches Leben betraf.

Auf der privaten Seite findet sich noch zu k.-u.-k.-Zeiten eine frühe und tragische Liebesaffäre, ausgerechnet zu einem U-Boot-Kapitän. Denn was heute nicht mehr im Bewusstsein von österreichischen Binnenlandbewohnern ist: Die Seeflotte Österreich-Ungarns war bis zum Ende der Monarchie immerhin die sechstgrößte der Welt – und verfügte auch neben Flugzeugen über einige U-Boote. Jedenfalls verband Elisabeth Marie offenbar ihr Leben lang eine innige Beziehung zum Linienschiffsleutnant Egon Lerch, dem

Kommandanten des k.-u.-k.-U-Bootes Nr. XII. Zwar ging er schon am 12. August 1915 in der Adria mit seinem U-XII unter, aber sein Mützenband aus schwarzem Seidenrips mit den goldgewebten Buchstaben „S. M. Unterseeboot XII" wurde der Erzherzogin überreicht, die es angeblich bis zu ihrem Tod 1963 in ihrem Nachtkästchen aufbewahrte.

Das Band wurde 2005 im Dorotheum im Rahmen der sogenannten „Kaiserhaus"-Ausstellung versteigert und erzielte bei einem Schätzpreis von 400 bis 700 Euro ein Ergebnis von 2200 Euro.

Auf der offiziellen Seite findet sich ihr politisches Engagement. Denn schon im Jahr 1925, also nur sieben Jahre nach dem Ende der Monarchie, schloss sich die Fürstin Windisch-Graetz den Sozialdemokraten an, engagierte sich bei den Kinderfreunden und den Roten Falken und beteiligte sich – schon bekannt unter ihrem Spitznamen „die Rote Erzherzogin" – fleißig etwa an den damals noch bedeutenden Maiaufmärschen der Ersten Republik. Nach der späten Scheidung von ihrem fürstlichen Gemahl heiratete sie 1948 den sozialdemokratischen Politiker Leopold Petznek, dessen Lebensgefährtin sie schon seit 1921 (!) gewesen war. Petznek übte u. a. von 1945 bis 1947 das Amt des Präsidenten des Rechnungshofs aus. Sie blieb der Sozialdemokratie treu, u. a. sprach Bruno Kreisky immer sehr ehrenvoll von ihr, und vererbte ihr Vermögen nach ihrem Tod der Republik Österreich. Seit 1998 erinnert die „Elisabeth-Petznek-Gasse" im 14. Bezirk an sie, auch wenn wohl kaum jemand, der das Straßenschild liest, ahnen wird, dass es sich hierbei um die Tochter des, mittlerweile auch zu Musical-Star-Ehren gekommenen, tragischen Thronfolgers Rudolph handelt.

Nach einer doch-nicht Herrschergattin zu einer tatsächlichen, nämlich der 1900 als Tochter des Sodawasserfabrikanten Josef Donner in Inzersdorf geborenen Franziska Donner, die 1992 in Seoul als Francesca Rhee starb. Und als Witwe des ersten Präsidenten der Republik Südkorea. Das kam so: Franziska Donner machte eine Dolmetscherausbildung für Englisch und promovierte zum Dr. phil., bereiste die Welt und heiratete einen Rennfahrer. Die Ehe hielt aber nicht lange, und schließlich arbeitete sie beim Völkerbund in Genf. Dort lernte sie den koreanischen Exil-Politiker Koreas Syngman Rhee kennen, den sie 1934 in New York heiratete. Nach dem Zweiten Weltkrieg, im Jahr 1948, wurde er zum ersten Präsidenten der Republik (Süd-)Korea gewählt. Damit wurde Franziska die erste First Lady Südkoreas und stand ihrem Gemahl bis zu seinem Tod im Jahr 1965 zur Seite. Sogar ein Buch mit dem Titel „Die Gesundheit des Präsidenten" verfasste sie über ihn. Nach einem kurzen Aufenthalt in Österreich kehrte sie 1970 wieder nach Südkorea zurück, wo sie bis zu ihrem Tod lebte. Sie war sehr geachtet und lebte sehr südkoreanisch, sowohl in Bezug auf ihre Kleidung wie auch in Bezug auf ihre Küche. Ihre Existenz war in Österreich nicht ganz unbekannt. So stand sie etwa in Briefkontakt mit der Gattin des populären österreichischen Bundespräsidenten Kirchschläger. In Südkorea war sie meist als *Lady Francesca* bekannt, wurde aber auch *Hojudek*, was so viel wie – ein altes österreichisches Problem – „Frau aus Australien" bedeutet, genannt. Der Präsidentengattin ist in ihrer Wahlheimat auch ein kleines Museum gewidmet.

Die letzte Wienerin des hier vorgestellten Quartetts ist gleich in zweifacher Hinsicht bedeutend. Obwohl bis heute nicht sehr viele Leute wissen, dass sie überhaupt Wienerin war – und obwohl sie mittlerweile wieder nach Wien zurückgekehrt ist. Die Rede ist von der 1914 geborenen Hedwig Eva Maria Kiesler, besser bekannt unter dem Namen, mit dem sie in Hollywood Karriere machte: Hedy Lamarr.

Hedy Lamarr gilt bis heute als eine der schönsten Frauen der Welt (noch Anfang der 1990er-Jahre verwendete ein bekannter Softwarekonzern ein Foto von ihr für das Cover der Grafiksoftware Corel Draw 8) und war schon vor ihrer amerikanischen Karriere ein Filmstar. Bereits in ihrem dritten Film „Man braucht kein Geld" – neben Heinz Rühmann und Hans Moser – spielte sie eine Hauptrolle. Filmgeschichte schrieb sie als 18-Jährige, als sie mit einer kurzen Szene in einem 1933 gedrehten tschechischen Film namens „Ekstase" (der weniger bekannte deutsche Titel lautet „Symphonie der Liebe") zur ersten Leinwandnackten der Kinogeschichte wurde. Weniger die darin enthaltene Nacktbadeszene, sondern vielmehr ein gefilmter Liebesakt, bei dem man aber nur das Gesicht der Schauspielerin zu sehen bekommt, machte den Film zum Skandal. 1937 verließ sie als geborene Jüdin und auf der Flucht vor ihrem ungeliebten Ehemann Wien und wurde nach einem Aufenthalt (und nach ihrer Scheidung) in Paris schließlich in London von Louis B. Mayer, dem Boss von Metro-Goldwyn-Mayer, „entdeckt". Er verpasste ihr auch den neuen Namen. Über ihre Filmkarriere kann man anderswo ausreichend lesen. Ein weiterer Aspekt der Schönen wurde aber erst in den letzten Jahren etwas bekannter. Ihr sind nämlich – indirekt und über Umwege – das Handy und Verbindungen à la Bluetooth zu verdanken:

Hedy Lamarr war erklärte Gegnerin der Nazis und erfand (zusammen mit dem Komponisten George Antheil), entwickelte und patentierte 1942 eine neuartige Funkfernsteuerung für Torpedos! Der Clou war die Störungssicherheit durch selbstständig wechselnde

Hedy Lamarr.

Frequenzen – ein Verfahren, das unter dem Begriff „frequency hopping" bekannt ist. Die Idee entstammte einer Erfindung mittels identischer Lochkarten 16 mechanische Klaviere zu synchronisieren. Allerdings wurde das Verfahren damals vom US-Militär nicht eingesetzt. Erst viele Jahre später kam ihre Idee zu Ehren. U. a. basieren die Funkverbindungen von Schnurlos- und GSM-Telefonen darauf, die bereits erwähnten Bluetooth-Verbindungen, und auch das Militär der USA setzt es bei „Milstar", dem militärischen Satellitenabwehrsystem der Vereinigten Staaten, ein. Noch vor ihrem Tod im Jahr 2000 wurde ihr 1997 eine Ehrung der „Electronic Frontier Foundation", der „EFF Pioneer Award", verliehen.

In Europa wird der sogenannte „Tag der Erfinder" jedes Jahr an ihrem Geburtstag, dem 9. November, begangen. Über dem Hörsaal EI 7, dem Hauptsaal der Elektrotechnik der Technischen Universität in Wien, der im Gegensatz zu den anderen Hörsälen keine namentliche Widmung aufweist, brachten Studenten immer wieder den Namen „Hedy Lamarr Hörsaal" als Graffiti an.

Ihrem Wunsch, dass ihre Asche im Wienerwald verstreut werden sollte, kamen ihre Kinder nach ihrem Tod nach. Wie auch im Film „Calling Hedy Lamarr" zu sehen, wurde ein Teil der Asche auf der Wiese „Am Himmel" (mit Blick über Wien) verstreut.

Es gibt aber auch noch einen Rest der Asche, der nach widersprüchlichen Meldungen vielleicht zu einem späteren Zeitpunkt in einem Ehrengrab der Stadt Wien beigesetzt werden soll.

Von Märschen und Marschierern

Das Marschieren gehört seit jeher zum Soldatenleben dazu. Bekanntermaßen haben ja etwa die Römer ihre großartigen Straßen quer über den Kontinent auch weniger aus Menschenfreundlichkeit angelegt als vielmehr deswegen, um ihre Heere möglichst schnell und fußschonend verlegen zu können. Das Marschieren im *Gleichschritt* wird allerdings nicht immer und überall durchgeführt. Obwohl es seit altersher nicht nur der Show dient, sondern sowohl kämpferische als auch psychologische Gründe und Effekte hat. Nachgewiesen ist es schon für die Zeit der griechischen Antike. Damals diente die gleichmäßige Bewegung der Soldaten der Verstärkung einer bestimmten Angriffsphalanx. Die psychologische Wirkung wiederum wirkt nach innen wie außen. Nach außen, um ungeordneteren Gegnern den Eindruck einer mächtigen, eben im Gleichschritt marschierenden Militärmaschinerie und damit einen gewissen Hauch von Unbesiegbarkeit zu vermitteln. Nach innen, um das Individuum mit seinen Kameraden „gleichzuschalten" und zu einem Teil eines Uhrwerks und Getriebes zu machen, das von den Befehlshabern verlässlich gelenkt werden kann.

Allerdings: Der Gleichschritt ist nicht überall gleich. Und als er 1740 in der österreichischen Armee eingeführt wurde, war alles andere als klar, *wie gleich* er denn sein sollte. Pro Minute lag die Schrittzahl beim Gleichschritt bei verschiedenen Regimentern zwischen 104 und 110 Schritten. Weshalb man auch von „schnellen" und „langsamen" Regimentern sprach. Es dauerte über hundert Jahre (!), bis es hier zu einer einheitlichen Regelung kam, die schließlich 1853 mit 104 Schritten pro Minute festgelegt wurde. Die gemütlichere Variante hatte sich in Österreich also wieder einmal durchgesetzt.

Ähnliche Ziele wie beim Gleichschritt wurden ja auch durch die Militärmusik verfolgt: Über die Jahrhunderte betrachtet, sollte damit militärisch gesehen sowohl die Einschüchterung des Gegners als auch die Motivation und Gleichschaltung der eigenen Truppe erreicht werden.

Natürlich hatte auch in Österreich jedes Regiment seine eigene Militärmusik, und die musste sich bei populäreren Märschen nolens volens dem im Regiment herrschenden Tempo anpassen. Allerdings waren die meisten im 19. Jahrhundert komponierten Märsche sowieso nicht fürs Marschieren, sondern mehr fürs Tanzvergnügen gedacht. Und die Regimentskapellen waren die gängigen Abendorchester, etwa in den zahllosen Freiluftlokalen im Prater. Gewissermaßen analog zu den heute zu Förderungszwecken nominell im Heeressportsverband beheimateten Spitzenathleten, waren es damals Kapellmeister und Komponisten, die teilweise pro forma dem Heer angehörten, um ihrer Regimentskapelle und damit auch ihrem Regiment und dessen „Inhaber" Ruhm und Ehre zu bringen.

So waren u. a. Franz Lehar senior, Emil Nikolaus von Reznicek und Carl Michael Ziehrer Militärkapellmeister. Und auch der Komponist des bis heute weltweit bei Zirkusvorstellungen gespielten Stückes „Einmarsch der Gladiatoren", Julius Fucik, von dem auch viele andere Klassiker der Marschmusik stammen.

Zwei Märsche stehen aber im heutigen Bewusstsein militärmusikalischer Laien an vorderster Stelle:

Julius Fucik.

Der Radetzkymarsch, der seinem Komponisten Johann Strauß Vater zur Zeit der Entstehung einiges an Ungemach bereitete. Denn das Revolutionsjahr 1848 war kein besonders guter Zeitpunkt für die Uraufführung eines einen k.-u.-k.-Kriegshelden verherrlichenden Musikstücks. Auch in der Schlachtenbeschreibung des militärischen Massakers von Königgrätz nimmt er einen makabren Platz ein. Wurde der Radetzkymarsch doch als letzter Motivationsversuch von vielen Regimentsmusikern angestimmt und soll, sich vielfach überlagernd und verzerrt, über dem Meer sterbender Soldaten erklungen sein. Aber das ist heute vergessen, und der Marsch gilt als eines der Aushängeschilder der österreichischen Musik. – Und wird jährlich am Ende des weltweit übertragenen Neujahrskonzerts unter reger Beteiligung des Publikums gespielt. Man kann ihn übrigens auch singen: „Wenn der Hund mit der Wurst über'n Eckstein springt ..."

Der andere, fast ebenbürtige monarchische Militärmarsch ist der des Deutschmeisterregiments. Und um dessen Entstehung gibt es eine sehr hübsche Geschichte. Der erste nämlich, der auf die Idee kam, den Deutschmeistern einen Marsch zu widmen, war niemand geringerer als Ludwig van Beethoven. Er verfasste im Jahr 1809 einen Marsch in F-Dur für den Inhaber des Infanterieregiments Nr. 4, Erzherzog Anton Viktor Joseph. Der Marsch war allerdings nicht besonders erfolgreich. Beethoven, davon unbeeindruckt, wollte sein Werk noch einmal lancieren und benannte ihn in „Marsch für die böhmische Landwehr" um. Der Erfolg blieb jedoch weiterhin aus. Im Jahr 1819 versuchte es Beethoven ein drittes Mal und benannte ihn zu Ehren des preußischen Feldmarschalls Johann David Ludwig Yorck von Wartenberg noch einmal in „Yorck'scher Marsch" um. Was dem Marsch jedoch auch nicht zum Durchbruch verhalf.

74 Jahre später komponierte ein gewisser Wilhelm August Jurek einen sogenannten „Deutschmeister-Regimentsmarsch" für, wie es hieß, ein „gemütliches Beisammensein mit nichtmilitärischem Charakter" von 20 Offizieren und Soldaten am 19. März 1893 im Kasino der Vorstadt Ober St. Veit. Der Marsch wurde ein durchschlagender, weltweiter Erfolg, der bis heute anhält. Jurek war damals 22 Jahr alt, seit zwei Jahren beim k.-u.-k.-Infanterieregiment Hoch- und Deutschmeister Nr. 4 und eigentlich nur Gelegenheitskomponist. Später wurde er Beamter in der Staatsdruckerei, komponierte insgesamt über 300 Werke, heute liegt er in einem Ehrengrab der Stadt Wien.

Über die Entstehung des berühmten Marsches heißt es, dass Jurek zu ihm durch das monotone Abstempeln von Urlaubsscheinen seiner Kompanie inspiriert worden sei. Das gleichförmige Stempeln mit dem immer gleichen Worten „K. u. K. Infanterieregiments Hoch- und Deutschmeister Nr. 4" hätte ihm wie von selbst die Musik zugetragen, zu der man ja bekanntlich auch singen kann: „Wir sind vom K̲. u. K̲. Infanter̲ier̲egiment̲ Hoch- und De̲utschmeister Nu̲mero 4̲". Versuchen Sie einmal zu den unterstrichenen Stellen zu stempeln – es klappt wunderbar. Marschieren kann man zu dieser Melodie dagegen ausgesprochen schlecht.

Wanderbares, grünes Wien

Wien ist ja bekanntlich – gemessen an Grünflächen pro Quadratkilometer – eine der grünsten Hauptstädte der Welt. Das ist natürlich kein Zufall. Denn einerseits liegen innerhalb der Stadtgrenzen viele geschützte Naturgebiete. Wie die Berge des Wienerwaldes von Nord- bis Südwesten, in denen das Bauen schon lange mehr oder weniger komplett verboten ist. Dann die Besonderheit eines tatsächlichen Naturschutzparks, nämlich den der Donauauen, innerhalb der Grenzen einer Großstadt und mit echtem Urwald. Und dann noch viele agrarische und andere offene Grünflächen von Nordosten bis Süden.

Vieles davon wurde schon 1905 vom legendären Bürgermeister Lueger unter Naturschutz gestellt.

Gemeinsam mit dem Prater und der Donauinsel, den Promenaden am Donaukanal und den vielen kleinen und größeren Parks ergibt das ganz schön viel Grünfläche und ist sicher einer der Faktoren dafür, dass Wien bei seinen Bewohnern und auch im internationalen Ranking immer als besonders lebenswert eingestuft wird.

Für den Erhalt dieses Grüns, vor allem den sogenannten Grüngürtel rund um die Stadt sorgt auch schon seit 1995 ein eigener Beschluss des Wiener Gemeinderats, der die fast lückenlose grüne Umschließung Wiens garantiert. Von dieser kann man sich übrigens auch selbst überzeugen, indem man einmal einen der beiden „Rund um Wien Wanderwege" ausprobiert.

Einer dieser Wanderwege trägt die Nummer 10, ist 114 Kilometer lang und in sechs Tagesetappen gegliedert, deren jeweiligen Anfangs- und Endpunkte man mit öffentlichen Verkehrsmitteln erreichen kann. Die Abschnitte sind: Donauinsel–Kahlenberg, Kahlenberg–Weidlingau, Bahnhof Liesing–Freudenauer Hafen, Freudenauer Hafen–Bahnhof Gerasdorf, Bahnhof Gerasdorf–Donauinsel.

Der Weg Nummer 11 hat nur fünf Abschnitte, ist dafür aber 120 Kilometer lang. Damit liegt die täglich zu erwandernde Strecke bei 24 Kilometern und gut sechs Stunden Wanderzeit. Die Abschnitte sind: Heiligenstadt–Purkersdorf, Purkersdorf–Liesing, Liesing–Hafen Freudenau, Roter Hiasl–Gerasdorf, Gerasdorf–Heiligenstadt.

Wem das zu kurz ist: Wien ist auch eine Station mehrerer Weit- und Fernwanderwege. Konkret der Europäische Wanderwege E4 (von den Pyrenäen bis nach Griechenland) und E8 (von der Nordsee zu den Karpaten). Weiters ist Wien – je nach dem – das Ende oder der Anfang der österreichischen Weitwanderwege 06 (Wien bis Kärnten) und 04 (Wien bis Salzburg). Natürlich kann man aber auch innerhalb Wiens wandern oder eben im Prater, auf der Donauinsel oder im Lainzer Tiergarten schlicht und einfach ein wenig spazierengehen.

Menschen, die nicht so gerne wandern, aber auch ein Gefühl für die Dimension Wiens bekommen wollen, können versuchen, die vier „Eckpunkte" Wien zu besuchen, also den nördlichsten, südlichsten, östlich-

Ein typischer Wanderer aus Wien.

sten und westlichsten Punkt des Stadtgebiets. Hier der – exklusive – Wegweiser:

Der nördlichste Punkt Wiens liegt etwas nördlich des Kalluswegs, östlich der Stammersdorfer Kellergasse in einem Wald.

Der östlichste Punkt befindet sich am Waldrand der Unteren Lobau neben dem Kühwörter Wasser.

Der südlichste Punkt liegt mitten in einem Feld, knapp unter der Auffahrt Rustenfeld der Außenringautobahn S 1.

Und der westlichste Punkt ist im Wald im Lainzer Tiergarten zu finden.

Die Mitnahme von Navis oder navigationstauglichen Handys wird für die Suche der Eckpunkte empfohlen.

Was in Wien wie heißt

Über das Wienerische, seine Vielfalt zwischen Schönbrunnerisch und Ottakringerisch, seine historische Wandlung und schmähgetränkte Blumigkeit ließen sich ganze Bücher schreiben. Korrektur: Solche Bücher werden und wurden natürlich auch schon geschrieben. Aber über einen kleinen Teilbereich soll in diesem Buch, das ja das Kuriose in Wien mehrheitlich, wenn auch nicht immer an konkreten Orten festmacht, aber doch berichtet werden.

Über wienerische, allgemein gebrauchte Begriffe nämlich, die zwei Eigenschaften besitzen: zum einen bestehen sie im Grunde aus einem (Vor-)Namen, und zum zweiten weisen sie in ihrem Ursprung eben auf einen ganz bestimmten Ort in Wien hin.

Diese sind: Liesl, Karl/Koal und Leo.

Lassen wir der Dame den Vortritt, auch wenn sie den am wenigsten netten Begriff symbolisiert.

Wer nämlich in die „Liesl" kommt, der kommt ins Gefängnis. Genauer gesagt ursprünglich in die Polizeistrafanstalt Roßauer Lände. Den charmanten Namen für die nicht so charmante Umgebung verdankt die „Liesl" ihrer ehemaligen Adresse: Die Verlängerung des heute noch so benannten Franz-Joseph-Kais hin zum neunten Bezirk war früher nämlich nach der Kaiserin und Gattin von Franz Joseph benannt: „Elisabeth-Kai", kurz „Liesl".

Die ehemalige „Rudolfs-Kaserne" wurde übrigens nach dem Revolutionsjahr 1848 dort errichtet. Die Innenstadtlage war daher auch weniger gegen äußere Feinde gedacht, als die Wiener Bürger in Schach zu halten. Die immer wieder gehörte Anekdote, beim Bau der Kaserne sei auf die Toiletten vergessen worden, beruht darauf, dass in dem Mammutbau ursprünglich gerade zwei Mannschaftsaborte eingebaut worden waren.

Das unmittelbare Gegenteil des Trübsals des Eingesperrtwerdens sind ausgelassene Freude und Spaß. Und wenn der Wiener sich freut oder sich amüsiert, lacht und „se ohaut", dann macht er sich phonetisch „an Koal", also einen Koarl oder eben Karl. Oder er hat denselben. Der Begriff ist weit verbreitet und obwohl schon recht alt, wird er auch heute noch gut verstanden. Erst vor wenigen Jahren warb die Ottakringer Bauerei, mittlerweile bekannt für ihre kreativen Bier-Benennungen, für ein neues Bier-Limonade-Mischgetränk namens „a Koarl" mit dem Spruch: „Wir haben uns an Koarl g'mocht". Der Ursprung der Benennung geht auf den Namen eines Theaters zurück.

Das „Carltheater" stand ab 1847 als Nachfolge des Leopoldstädter Theaters in der damaligen Jägerzeile (heute Praterstraße), war nach seinem Gründer und Direktor Carl Carl (ein Künstlername, eigentlich hieß er Karl Andreas von Bernbrunn) benannt und bekannt vor allem für seine Lustspiele. Wenn der Wiener also, um sich zu amüsieren ins Carltheater ging, vor allem um eine der vielen Uraufführungen eines neuen Nestroy-Stückes zu erleben, die hier stattfanden, dann hat er sich übertragen und umgangssprachlich „einen

Carl/Karl/Koarl/Koal gemacht"! Und den macht er sich heute – auch ohne das mittlerweile nicht mehr bestehende Gebäude – noch.

Was ein Leo ist, weiß in Wien bereits jedes Kindergartenkind. Nämlich ein zuvor definierter Ort, an dem man beim „Fangerlspielen" vor dem Fänger geschützt ist. Das kann eine Bodenfläche sein oder auch ein Gegenstand oder etwa ein Baum, den man berühren muss. Ist man „im Leo", kann man nicht abgeschlagen werden.

Wieso aber „das" Leo Leo heißt, weiß kaum jemand. Dabei ist der Name eminent geschichtsträchtig und altehrwürdig. Der Begriff stammt nämlich von einem alten österreichischen Herrscher, nämlich Leopold dem Glorreichen. Dieser war ein Babenberger-Fürst, der u. a. allen Kirchen Wiens das Asylrecht zugestand. Dadurch erhielt etwa auch die „Freyung" ihren Namen.

Und das „Leo". Ganz genau stammt der Begriff vermutlich vom sogenannten „Leopoltring", der an der Fassade des Stephansdoms beim Adlertor angebracht ist. Hatte es ein Verfolgter bis zu diesem Ring geschafft, befand er sich im Schutz der Kirche und so bildlich und real „im Leo".

Nur eines der Kriterien, nämlich das des Vornamens, erfüllen noch zwei weitere bildliche Namen. Nämlich: Hansl und Schurl.

Ein Hansl ist ein gebräuchlicher, wenn auch leicht anachronistischer Ausdruck für den Rest eines vornehmlich alkoholischen Getränks in einem Glas. Vor allem, ursprünglich und korrekt bezieht sich der Ausdruck aber auf den abgestandenen Rest eines Glases

Bier. Denn früher war Bier noch nicht so rein und klar wie heute, sodass meist ein eher unansehnlicher und nicht besonders wohlschmeckender Bodensatz im Glas zurückblieb, den die meisten Trinker übrigließen. Da das aber zu einer Zeit war, in der die Armut noch weiter verbreitet war als heute, gab es vor allem in offenen Gastgärten oft Menschen, die den „Hansl" tranken, den andere Gäste übriggelassen hatten. Denn auch ein billiger Rausch ist im Zweifelsfall ein (willkommener) Rausch. Das waren die sogenannten „Hansltippler". Der Ausdruck erklärt sich durch eine andere Quelle für die Tippler: Peter Wehle berichtet in seinem Standardwerk „Sprechen Sie Wienerisch", dass früher die leeren Bierfässer vor den Gaststätten standen, bevor sie von den Bierkutschern der Brauerei abgeholt wurden. Und auch hier fanden sich so manche trinkbare Reste. Wehle erklärt dabei auch gleich den Ursprung des Wortes: Er stammt angeblich von dem laut ihm in vielen Quellen belegten Kobold Heinzel, der „in leeren Kisten, Kästen und Fässern haust".

Der Schurl als Kurzfassung für „Der Schurl mit der Blechhaubn" dagegen ist ein heute nur noch selten gehörter und wenig bekannter Begriff. Schurl oder Schurli ist ja die Wiener Abkürzung bzw. Koseform für Georg. Und der „Schurl mit der Blechhaubn" ist im engeren Sinn eine augenzwinkernde Bezeichnung für den Heiligen Georg, der als kämpfender Ritter stets nicht nur mit einem Drachen, sondern auch mit einem Helm, also einer „Blechhaubn", abgebildet wird. Im weiteren und übertragenen Sinn verstand man frü-

Oft ist der „Hansl" auch noch warm.

her unter diesem Begriff einen Polizisten oder Feuerwehrmann, denn diese waren ja früher ebenfalls mit Helmen ausgerüstet bzw. sind es heute noch.

Vermutlich stammt daher auch das heute noch gebräuchliche Wort „(umananda) schurln" für schnell laufen oder etwas hektisch tun, was ja beide Berufsgruppen etwa beim Eilen zu einem Brand oder beim Verfolgen eines Verbrechers machen. Vor allem, wenn man ihn in die Liesl bringen will, bevor er sich irgendwo ins Leo gerettet hat …

Wiens Bergbahnen

Mancher hat es vielleicht noch im Ohr. Immerhin im Wienerlied wird noch von der „Alten Zahnradbahn" gesungen, die heute schon längst zum alten Eisen gehört, die aber einst eine Sensation gewesen sein soll.

Und das stimmt auch. Denn mit dem Aufkommen des Bürgertums (und der Arbeiterschaft) im 19. Jahrhundert nahm auch eine gewisse Freizeitkultur ihren Aufschwung in Wien. Natürlich hatte man sich schon früher in den Prateraaen verlustiert und war mit dem „Zeiserlwagen" aufs Land, vorzugsweise zu einer Heurigen-Destination, aufgebrochen. Aber das Anwachsen Wiens zu einer Weltstadt und die überall anzutreffenden neuen technischen Wunder verlangten nach immer mehr Reizen und Erfahrungen, denen die Wiener zumeist am Sonntag nachgehen konnten.

Unter diesem Gesichtspunkt ist wohl auch die Errichtung der „Kahlenbergbahn" zu sehen, die am 7. März 1874 eröffnet wurde und die erste Zahnradbahn Österreichs war. Die untere Endstation war in Nußdorf und führte recht gewunden über Grinzing und Krapfenwaldl auf den Kahlenberg zum 1872 dort eröffneten Kahlenberg-Hotel.

Exkurs: Der Kahlenberg hieß früher Sauberg oder Schweinsberg. Nach den dort lebenden Wildschweinen. Ferdinand II. kaufte den Berg vom Stift Klosterneuburg und nannte ihn Josephsberg.

Zu der Zeit hieß der Leopoldsberg noch Kahlenberg, vermutlich wegen der kahl abfallenden Felsen oder weil seine Spitze aus Befestigungsgründe kahl, also gerodet, gehalten wurde. Erst als der alte Kahlenberg in Leopoldsberg umbenannt wurde, erhielt der heutige Kahlenberg den Namen Kahlenberg. Auf welchem der beiden Berge der „Drache auf dem Kahlenberg" aus der Wiener Sage lebte, ist daher unklar. Klar ist nur, dass die Drachengasse in der Nähe des Fleischmarkts so heißt, weil nach dem Sieg über den Drachen seine Haut einem Gerber übergegeben wurde, der sie als Schild an sein dort neu errichtetes Haus hängte.

Wie auch immer, die Zahnradbahn wurde anlässlich der Weltausstellung errichtet und musste auf 5,5 Kilometer Strecke 316 Höhenmeter mit einer Höchstgeschwindigkeit von 12 km/h bergauf und 15 km/h bergab überwinden. Etwa 180.000 Passagiere wurden jährlich bei gut 8000 Fahrten transportiert.

Die Bahn wurde 1920 eingestellt, obwohl man vorher noch die Eingliederung in das Straßenbahnnetz,

Eine Dampftramway auf der Kahlenbergbahn (um 1900).

Vermutlich Kaiser Franz Joseph auf der Sophienalpe (1876).

wie aktuell bei der Pöstlingbergbahn in Linz, erwogen hatte. Die Trasse der Bahn ist heute, teilweise in Straßenzügen, teilweise anhand von Wegen durch die Natur, noch recht gut nachvollziehbar.

Schon vorher gab es einen Schrägaufzug auf die Wiener „Gebirgszüge". Im Jahr 1873 wurde eine Drahtseilbahn von der Donau (Donauwarte, Kuchelau) zur Elisabethwiese auf dem Leopoldsberg errichtet. Dabei wurden die „Züge" mit einem Seil, das von einer Dampfmaschine am Berg angetrieben wurde, auf ihren Schienen hinauf und hinunter gezogen. Sie war 725 Meter lang und überwand in fünf Minuten bei etwa 8,7 km/h eine Höhe von 343 Metern und diente vor allem als Zubringerin zum Kahlenberghotel. Als die Nutzung aber aufgrund der Zahnradbahn zurückging, wurde sie unrentabel und schließlich von den Betreibern der Zahnradbahn gekauft

– und abgetragen. Auch von ihr gibt es noch sichtbare Überbleibsel in Form von Mauerresten der Talstation und Trassenspuren in der Natur.

Die dritte Wiener Bergbahn ist vermutlich die kurioseste. Sie wurde nämlich ebenfalls 1873 errichtet, allerdings ohne Genehmigung und Wissen der Behörden. Sie führte von der Rieglerhütte zur Sophienalpe und wurde ursprünglich nur zu Testzwecken des innovativen Systems gebaut. Und das System waren offene Kutschen, die per Seil auf zwei parallelen Gleisen immerhin 600 Meter weit hinaufgezogen wurden. Weil die Bergräder viel kleiner gestaltet waren, war die Sitzfläche der Kutschen waagrecht. Nach einer roten Eisenkugel, die am Zugseil angebracht war, wurde sie auch „Knöpferlbahn" genannt. Sie führte von der Rieglerhütte am Ende des Hütteldorfer Tales zur Sophienalpe und wurde, da es keine Sicherheitsbedenken gab, nachträglich genehmigt.

Das System wurde vom Erfinder und Betreiber auch patentiert, die Bahn aber schon 1881 wieder eingestellt und abgetragen. Einerseits weil die hohen Fahrtpreise zu wenig Publikum anlockten, andererseits weil der Besitzer am Betrieb der ja ursprünglich nur zu Testzwecken errichteten Bahn nur wenig Interesse hatte. Die Trasse der „Knöpferlbahn" ist bis heute sichtbar und wird teilweise vom Stadtwanderweg 8 genutzt.

In ihrer Betriebsordnung fand sich auch noch der schöne und eigentlich recht demokratische Hinweis:

„Das Mitnehmen von Hunden sowie das Rauchen ist nur dann gestattet, wenn kein darin Sitzender dagegen protestiert!"

Wo Radetzky ruht

Wo Radetzky ruht? Nicht im Stephansdom. Obwohl Kaiser Franz Joseph seinem alten Freund und Mentor diese spezielle Ehre zuteil werden lassen wollte. Nein, der Feldmarschall, das große militärische Genie der Spätzeit der k.-u.-k.-Monarchie wurde ganz woanders begraben. Nämlich in der kleinen niederösterreichischen Katastralgemeinde Kleinwetzdorf, in einem skurrilen Hain und unter wahnwitzigen Begleiterscheinungen.

Die Geschichte des sogenannten „Heldenbergs", der heute auch der ganzen Gemeinde den Namen gibt, und drei wichtiger Josephs hat mehrere Teile, mehrere Anfänge und mehrere Protagonisten. Beginnen wir mit der Hauptfigur, die allerdings nicht Feldmarschall Johann Joseph Wenzel Anton Franz Karl Graf Radetzky von Radetz selbst ist, sondern ein Industrieller namens Joseph Gottfried Pargfrieder.

Pargfrieder wurde um 1787 in Ungarn geboren und zwar nach eigenen Angaben als de facto unehelicher Sohn einer Ehefrau eines Försters, die aber angeblich von niemand geringerem als Kaiser Joseph II. geschwängert worden sein soll. (Ein DNA-Test, der diese Behauptung stützen würde, wurde jedoch noch nicht in Angriff genommen.)

Joseph Pargfrieder war durch mancherlei Geschäfte wie der Lieferung von Lebensmitteln, Schuhen und Stoffen an das österreichische Militär ein sehr reicher Mann geworden. Ein Millionär seiner Zeit sowie ein fanatischer Militarist und Monarchist. Ihm schwebte nun in der ersten Hälfte des 19. Jahrhunderts die Errichtung einer ruhmreichen Weihestätte für die Habsburgermonarchie vor, zu einer Zeit also, als diese schon gar nicht mehr ganz so glanzvoll war: Vor kurzem erst war die Krone des Römischen Kaisers abhanden gekommen, Napoleon und seine Truppen waren erst vor einiger Zeit abgezogen, die Bürger formierten sich zur Revolution, viele Völker murrten und rebellierten, Ungarn war auf dem Weg zu einer assoziierten Autonomie – und die einzigen nennenswerten militärischen Erfolge zeigten sich in der eher blutigen Niederschlagung ebendieser rebellierenden Völker.

Exkurs: Ganz im Gegenteil, nicht viel später (1886) kam es zur desaströsen Schlacht von Königgrätz, zu der der als Idiot verschriene kaiserliche Vorgänger Franz Josephs, nämlich Kaiser Ferdinand der Gütige, auch Gütinand der Fertige genannt, bemerkt haben soll: „Also das hätt' ich auch zusammengebracht."

Das alles schreckte Pargfrieder nicht. Er wollte – angelehnt an das deutsche Walhalla – in Donaustauf (Oberpfalz) ein „österreichisches Walhalla" schaffen, eine ruhmreiche Gedenkstätte für das ruhmreiche Kaiserhaus und ebenso ruhmreiche Kaiserreich.

Geld hatte er dafür genug. Was er dafür nicht genug hatte, war Geschmack. Und so begann er sich auf einem in seinem Besitz befindlichen Hügel in Kleinwetzdorf, 50 Kilometer nordöstlich von Wien, genauer im Park seines Schlosses Wetzdorf, das er 1832 gekauft hatte, seine Ruhmesstätte von – wie Kunstkritiker meinen –

eher durchschnittlich begabten Künstlern und Architekten errichten zu lassen.

Kernstück der Anlage ist das Säulenhaus (auch Invalidenhaus genannt) mit seitlichen Balustraden und davor befindlichen zwei Siegessäulen, dazu gleich, und die Kaiserallee mit umrahmender Heldenallee. Letztere Alleen sind immerhin wenn schon nicht von künstlerischem, so doch von historischem Wert. – Insofern man hier bequem an 142 in Zinkguss hergestellten Büsten von Herrschern und Helden, Staatsmännern und Feldherren, vorbeispazieren kann, die mehr oder weniger die gesamte monarchische Geschichte Österreichs abdecken. (Scherze mit Namen sind billig, aber dass einer der Feldmarschälle Dagobert Sigismund Graf Wurmser heißt, ist doch zu schön.)

Etwas abseits, denn die adligen Büsten hätten die unmittelbare Nachbarschaft vielleicht gestört, steht auch ein Denkmal, das sowohl jenem kaiserlichen Adjutanten Graf O'Donnel als auch dem bürgerlichen Fleischhauer Josef Ettenreich gewidmet ist, die Kaiser Franz Joseph 1853 bei einem Anschlag beschützten. (Ja, die Ettentreichgasse ist nach ihm benannt.)

Ein anderes steinernes Zeugnis dieser Heldentat oder besser der Errettung des Monarchen ist übrigens die Votivkirche, die der Kaiser als Dank für sein Überleben, eben als Votiv-Gabe, errichten ließ.

Pargfrieder war auch ein Fan der griechischen Mythologie, so finden sich die Muse der Dichtkunst Klio sowie die drei Parzen, die Schicksalsgöttinnen. Offenbar war er gleichzeitig auch sehr beeindruckt von den modernen industriellen Möglichkeiten der Statuenherstellung. Anders lässt sich die Tatsache kaum erklären, dass eine Figur des Narziss sich gleich in mehrfacher Ausführung über das ganze Gelände verstreut findet. Dazu gibt es noch einige Obelisken, ein Kreuz, eine Löwenstatue ... Insgesamt 169 Standbilder und Zinkbüsten.

Ach ja, die Siegessäulen. Sie feiern, umrahmt von Statuen und Büsten von Maria-Theresia-Ordensritter des italienischen und ungarischen Feldzuges, die glorreiche und blutige Niederschlagung zweier Aufstände von 1848 und 1849 (einmal in Italien, einmal in Ungarn) durch die glorreiche kaiserliche Armee. Na ja.

Das Herzstück der Anlage sollte jedoch die Gruft werden. Mit ewigen Feuern und bewacht von echten Kriegsveteranen der kaiserlichen Armee. Genauer gesagt Kriegsinvaliden, ein Offizier und zwölf Soldaten, die dort leben sollten und für die vorsorglich auf dem Gelände ein Wohnheim errichtet wurde. Allerdings wurde der Plan so nie durchgeführt.

Aber was wäre eine Gruft ohne darin befindliche Leichen? Eben. Für die Belegschaft schwebten Pargfrieder natürlich die größten Kriegshelden vor, die Österreich zu bieten hatte. Und damit die auch irgendwann einmal freiwillig kamen, bedurfte es schon eines gehörigen Lockmittels. Das sah Pargfrieder natürlich in der Lichtgestalt der österreichischen Armee Fürst Radetzky. Der, obschon mit Pargfrieder bekannt oder nach anderen Quellen sogar mit ihm befreundet, zeigte anfangs keine besonders große Lust, sich in Pargfrieders Disneyland begraben zu lassen. Aber dieser hatte ein gutes

Argument: Geld! Er bot an, den steinalten General bei dessen notorischen Spielschulden zu helfen. (Radetzky war deswegen und auch wegen seiner verschwenderischen Frau ständig in Geldnot und wurde selbst vom Kaiser immer wieder entschuldet.)

Im Gegenzug ließ Pargfrieder sich vertraglich zusichern, dass Radetzky in seinem Testament verfügte, nach seinem Tod in Kleinwetzdorf begraben zu werden. Der Deal kam zustande. Unter ähnlichen Umständen holte sich Pargfrieder auch einen zweiten Helden ins Boot bzw. Mausoleum: Maximilian Freiherr von Wimpffen.

Dieser starb zuerst und wurde 1854 im österreichischen Walhalla beigesetzt. Vier Jahre später starb auch Radetzky im Vergleich zu heute noch viel biblischeren Alter von 92 Jahren in Mailand. Seine Leiche wurde nach Wien überführt und sollte, wie eingangs erwähnt, nach dem Willen des Kaisers ihre letzte Ruhe im Stephansdom finden. Und zwar nicht irgendwo, sondern gleich neben dem Sarg von Prinz Eugen. (Nach anderen Quellen wollte er ihn sogar in der Kapuzinergruft beisetzen lassen.)

Dazu muss man wissen, dass Kaiser Franz Joseph nicht sehr viele persönliche Freunde hatte. General Radetzky war ein solcher und auch ein Mentor des um viele Jahrzehnte Jüngeren, von dem es hieß, dass er der einzige sei, der Zutritt zu den Gemächern des Kaisers hatte, ohne sich anmelden zu müssen. Was, nach strengem spanischen Hofzeremoniell sonst sogar enge Familienmitglieder des Kaisers tun mussten.

Der Grabstein von General Radetzky.

Kurz, Franz Joseph wollte Radetzky ehrenvoll im Herzen Wiens beisetzen, hatte aber die Rechnung ohne Pargfrieder gemacht. Denn der hatte einen gültigen Vertrag und über so etwas konnte sich schon damals nicht einmal seine apostolische Majestät hinwegsetzen. Natürlich versuchte er Radetzky „zurückzukaufen", aber reich war Pargfrieder schon selbst, und er willigte nicht ein. Nach anderen Quellen forderte er die unerhörte Summe von 1.000.000 Gulden, was sogar der Kaiser ablehnen musste.

Radetzky wurde also in Kleinwetzdorf beigesetzt. Franz Joseph reiste an, um sich von seinem alten Freund zu verabschieden, musste deswegen aber noch eine weitere Schmach hinnehmen: Da es dem Kaiser laut höfischem Protokoll untersagt war, Einladungen von nichtadligen Privatpersonen anzunehmen, musste er Pargfrieder am Vorabend noch schnell zum Ritter schlagen.

Als kleine „Rache", so wird gemutmaßt, wurde zur musikalischen Untermalung der Beerdigung nur eine „mindere" Militärkapelle bereitgestellt.

Pargfrieder selbst nahm seine Aufgabe als Bewahrer der ruhmreichen Toten sehr ernst und ließ sich nach seinem Tod 1863 zu deren ewigem Schutz etwas über ihnen – sitzend und in einer Ritterrüstung mit rotem Mantel – beisetzen.

Wer's nicht glaubt: Die Öffnungszeiten des Heldenbergs sind von Anfang April bis Anfang November, Dienstag bis Sonntag, 9 bis 18 Uhr.

Die Gedenkstätte hatte Pargfrieder bereits nach dem Tod von Radetzky dem Kaiser geschenkt – sie befindet sich bis heute in staatlichem Besitz und wird nicht nur touristisch genutzt: Jedes Jahr, am zweiten Sonntag im September, findet dort – mit Beteiligung (wie es auf der Website heißt) „hoher Würdenträger aus Politik, Militär und Kirche" – eine Radetzky-Gedenkfeier statt.

Andere Besonderheiten um den Tod Pargfrieders: Er ließ sich – ganz bescheiden – auf einem Milchwagen zur Gruft bringen und ohne Trauergäste beisetzen. Vor seinem Tod hatte er noch alle Schuldscheine vernichtet und somit alle seine Schuldner entschuldet. Sein Vermögen erbten seine uneheliche, aber inoffiziell anerkannte Tochter Josephine Freudenthal und deren Gatte Heinrich von Drasche-Wartinberg, dem Besitzer der Ziegeleien am Wienerberg. Die heutige Firma Wienerberger verdankt also einen Teil ihres Ursprungsvermögens diesem Helden.

Apropos, wie eingangs erwähnt, heißt heute auch die ganze Gemeinde mit etwas über 1152 Einwohnern und den Katastralgemeinden Glaubendorf, Großwetzdorf, Kleinwetzdorf, Oberthern und Unterthern nach dem Ruhmeshügel hochoffiziell Heldenberg – und führt sogar die Säulenhalle im Wappen.

Die Skurrilität des österreichischen Walhallas und wohl auch ihre in gewissermaßen „kriegsgewinnerische" patriotische Heuchelei war schon den damaligen Zeitgenossen bewusst. Und so entstand nach der Beisetzung Pargfrieders der folgende spöttische Vers:

„Hier liegen drei Helden in seliger Ruh, zwei lieferten Schlachten, der dritte die Schuh."

Ziegen am Müllberg

Wie jede vergleichbare Großstadt hat auch Wien gigantische Probleme mit seinem Müll und Mist zu lösen. Und ich spreche nicht von den Tonnen von Pferdeäpfeln, die jedes Jahr von Wiens Fiakerpferden hinterlassen werden.

(Apropos tierische Exkremente in Wien: Die Hinterlassenschaften der Dickhäuter von Schönbrunn werden ebenda als Spezialdünger unter dem Markennamen „Elefantenglück" gewinnbringend verkauft.)

Jedenfalls wäre Wien nicht Wien, wenn es nicht seinen ganz besonderen Umgang mit dieser sowie diversen anderen Kuriositäten rund um die Beseitigung des Müllproblems hätte. Wie zum Beispiel das Rinterzelt, das eher in die Kategorie Flop einzuordnen wäre. Das 1980/81 von der Rinter AG errichtete architektonisch auffällige Gebäude sollte der ultimative Wunderwuzzi unter den Müllsortieranlagen der Welt werden und vollautomatisch Spreu (Mist) vom Weizen (wertvolle Altstoffe) trennen. Das klappte aber nicht so recht, weshalb die Anlage schon 1983 geschlossen und dann 1986 durch die Gemeinde Wien neu und verbessert wieder in Betrieb genommen wurde. Und, das kann man ruhig so sagen, nicht nur dort klappt die Sache mit dem Müllsammeln und -trennen in Wien (wie auch sonst in Österreich) nicht zuletzt durch engagierte Mithilfe der Bevölkerung (samt einer gewissen sozialen Ächtung von Nichttrennern) vorbildhaft. Wir sind zwar nicht die Schweiz was öffentliche Sauberkeit betrifft, aber fast. Eine fiktionale Betrachtung der Rinter-Geschichte samt Verwicklungen in Freunderlwirtschaft als Sündenfall der Sozialdemokratie kann man auch im dritten Teil der berühmten ORF-Fernsehfilmreihe „Arbeitersaga" mit dem Titel „Müllomania" genießen.

Mehr auf der Top-Seite findet sich die der Fernwärme dienenden und mittels Hundertwasser'sche Behübschung, pardon Fassadengestaltung, weltweit bekannte Müllverbrennungsanlage Spittelau. Nicht ganz so bekannt und auffällig wie die typische Goldene Kugel am Schlot ist die Abdeckung des Entlüftungsschachtes, die der planende Architekt Müller als riesige bunte Schirmkappe gestaltete und zwar als Geschenk an Friedensreich Hundertwasser. Ohne Schirmkappen dieser Art war der „Meister" in den letzten Lebensjahrzehnten kaum zu sehen, sie waren sogar zu einem seiner wichtigsten Markenzeichen geworden. Ähnlich der aus Tapetenstoff geschneiderten Kappen von Ernst Fuchs.

Doch nun zu den Ziegen.

Wien, Rautenweg. Sonnenaufgang, Almauftrieb. Eine kleine Herde Pinzgauer Bergziegen verteilt sich auf den grasbewachsenen ehemaligen Asche- und Schlackebergen der Mülldeponie in der Donaustadt – Schmähohne. Der Grund ist ein doppelter und ein genialer Fall von Synergie:

1993 suchte die Stadt Wien zur Beruhigung der Anrainer nach einer Möglichkeit, die zu der Zeit viel zitierte Umweltgefährdung der Deponie, besonders von Luft und Pflanzen, zu widerlegen. Und fand eine Tierärztin, die ihrerseits eine Heimat für die damals vom Aussterben bedrohten „Pinzgauer Bergziegen" suchte. Gerade mal 190 gab's noch. Einige davon wurden nach Wien gebracht und wurden zur Elterngeneration eines mittlerweile enorm erfolgreichen Zuchtprogramms.

Denn der Bestand der Art hat sich mittlerweile Dank der Wiener Müllberge stabilisiert. Weit über hundert Nachkommen hat die Rautenbergdiät hervorgebracht und bereits wieder in die Alpen reexportiert. Und dank regelmäßiger Milch- und Blutabnahme, die jedes Mal keinerlei Belastung zeigen, können auch die Anrainer wieder ruhig schlafen. Außer die Ziegen blöken zu laut.

Übrigens: Man kann die Ziegen auch besichtigen.

Bergziegen in Aktion.

Woher die Wiener kommen

Gerade im Zuge der wieder stark aufgeflammten „Ausländer"- bzw. „Immigrations"-Debatte kann es nicht schaden, sich etwas zurückzulehnen, in alten Dokumenten zu blättern und, wenig überraschend, festzustellen, dass Wien schon immer durch starke Zu- und Einwanderung geprägt war. Ja, praktisch nur aus Einwanderern und deren Nachkommen besteht.

Zwar waren die allerersten Wiener wohl „Einheimische", aber einheimische Höhlenmenschen der Alt- und der Jungsteinzeit. Es folgten Einheimische der Bronzezeit und der Eisenzeit inklusive einheimische Vertreter der Hallstadtkultur. „Deutsch" oder auch nur „germanisch" war von denen aber jedenfalls keiner. Auch nicht die darauffolgenden einheimischen Kelten, die u. a. in einer Siedlung namens Vedunia lebten, was so viel wie „Waldbach" bedeutet und als einer der Kandidaten für den Ursprung des Namens Wien (via Vindobona) gilt.

Dann kamen die Römer, zweifellos Ausländer, und gründeten ernsthaft Wien. Im Zuge der Völkerwanderung wurden sie zwar vertrieben, ließen aber garantiert ausreichend Gene hier. Überhaupt, die Völkerwanderung. Was da an Ausländern, germanisch und nichtgermanisch, durchgezogen und dageblieben ist, kann man sich gar nicht so recht vorstellen.

Da der Sieg eines Frankenkönigs (!) über die Magyaren (!) im Jahr 955 den Beginn des historisch erfassten Neustarts von Wien und Österreich besiegelte, kann man sich vorstellen, wer sich damals in der Gegend so alles herumtrieb. In der Folge wurde Wien von den Babenbergern, Franken aus Bamberg, und den Habsburgern, Schweizer aus Altdorf, regiert, die jeweils ausreichend Landsleute mitbrachten und durch ihre Reichserweiterungen immer wieder für kräftigen Zuzug von Ungarn, Böhmen und anderen Slawen sorgten. Durch die wichtige Handelsposition Wiens darf man auch nicht verheimlichen, dass sich hier immer wieder jede Menge Griechen, Armenier und andere Orientalen niederließen. Mit der spanischen Habsburgerlinie kamen dann nicht wenige Spanier nach Wien, und da denen auch Holland und Belgien gehörte, auch solche. Es folgten weitere, sich immer wieder abwechselnde Wellen von Italienern und Franzosen. Einer der berühmtesten Wiener ist ja nach wie vor der Franzose Prinz Eugen, und der auch nicht unbekannte Herr Calafatti war nicht, wie man meinen könnte, ein „Großer Chinese", sondern ein Italiener.

Übrigens dominierten die Italiener im 18. Jahrhundert einige Berufszweige wie die der Bauarbeiter und der Rauchfangkehrer. Dazwischen kamen seit dem Mittelalter auch immer wieder viele deutsche Einwanderer nach Wien (auch heute stellen unsere deutschen Nachbarn wieder eine der stärksten Immigranten-Gruppen dar!), wovon Straßenbezeichnungen wie die Singerstraße (ursprünglich Sulcherstraße nach aus Sünching stammenden Einwanderern) und viele Bezirke und Ortsbezeichnungen auf -ing zeugen. Diese verweisen (wie z. B. Ottakring) auf nach in die Gegend von Wien eingewanderte Bayern, was auch viele gleichklingende oder gleichnamige Orte in Bayern zeigen.

Im 19. Jahrhundert ging die Einwanderung aus allen Kronländern munter weiter, Stichwort „Ziegelbehm", was dazu führte, dass eine peinlich genau durchgeführte Volkszählung aus dem Jahr 1880 u. a. zeigte, dass – in sämtlichen Bezirken – über 50 % (!) der damals in Wien lebenden Wiener nicht in Wien geboren worden waren.

Wien hatte um 1900 über zwei Millionen Einwohner. Nach dem Ende der Monarchie und vor allem mit der Zeit des Ständestaates und der nationalsozialistischen Herrschaft kam es (erstmals) zu einer deutlichen Abnahme der Bevölkerung, durch Emigration und Vernichtung vor allem der natürlich ebenfalls im Laufe der Jahrhunderte immer wieder zahlreich eingewanderten und eingebürgerten Juden sowie durch den Tod am Schlachtfeld. Eine der wenigen Phasen der Wiener Stadtgeschichte, in der es keine oder kaum ausländi-

Woher der Wiener kommt ...

sche Einwanderer gab. Ob es sich hier aber um eine besonders schöne, glanzvolle Zeit gehandelt hat, darf zumindest vorsichtig bezweifelt werden.

Aber das Nachkriegsmanko an Wienern wurde bald wieder aufgefüllt: erst durch Ungarn und dann, als es immer noch zu wenig Bevölkerung gab, durch schon damals heuchlerisch und fälschlich als „Gastarbeiter" bezeichnete Einwanderer, erst aus den Ländern des damaligen Jugoslawien, dann vor allem aus der Türkei. Aber auch viele Einwanderer aus anderen EU-Staaten, Indien, China und anderen asiatischen sowie afrikanischen und südamerikanischen Staaten leben heute in Wien. Und wenn sie vielleicht heute auch noch – in Selbst- wie Fremdsicht – keine „echten Wiener" sind, ihre Kinder, Enkel oder Ur-Enkel werden es sicher sein. Das war schon immer so. Weltweit ist das so, man denke nur an einen „typischen" New Yorker.

Hier noch eine kleine Auswahl berühmter Wiener, die eigentlich „Einwanderer" sind oder waren:

Abraham a Sancta Clara, Wolfgang Ambros, Michael Häupl, Theodor Herzl, Rudolf Kirchschläger, Kardinal Franz König, Karl Kraus, Hansi Orsolics, Hermes Phettberg, Lukas, Peter und Willi („Kurt Ostbahn") Resetarits und Billy Wilder. Und sogar der echteste von allen „echten Wienern", Karl Merkatz ist keine Wiener – er stammt aus Wiener Neustadt.

Mehr von Harald Havas

Harald Havas

Der Mann, der den Neusiedler See trockenlegen wollte
und andere kuriose Österreicher

METROVERLAG

www.metroverlag.at

Alle Informationen wurden von Autor und Lektorat sorgfältig geprüft und stammen aus sicheren Quellen. Dennoch können sich Änderungen ergeben, und inhaltliche Fehler oder Auslassungen sind nicht völlig auszuschließen. Für eventuelle Fehler können der Autor, der Verlag und seine Mitarbeiter/-innen keinerlei Verantwortung und Haftung übernehmen.

Der Verlag dankt allen Rechteinhaber(inne)n für die freundliche Reproduktionsgenehmigung jener Werke, die nach dem Urheberrecht noch geschützt sind. Da in wenigen Fällen die Inhaber der Rechte nicht zu ermitteln waren, werden rechtmäßige Ansprüche nach Geltendmachung vom Verlag abgegolten:

Bildnachweis:
Archiv des Verlags: S. 27, 33, 36, 42, 47, 49, 54, 61, 68, 79, 82, 87, 98, 104, 108, 116, 119, 120, 129, 134, 139, 141, 142, 149
Harald Havas: S. 75
©www.istockphoto.com/Dunca Daniel: 94

5. Auflage
© 2010 Metroverlag
Verlagsbüro W. GmbH
www.metroverlag.at
Alle Rechte vorbehalten
Printed in the EU
ISBN 978-3-99300-000-4